AI와 디지털 휴먼

인공지능총서

인공지능 시대입니다. 기계가 인간의 인지를 대신하고, 사물이 인간을 통하지 않고 다른 사물과 직접 커뮤니케이션합니다. 이에 따른 인간 삶과 문명 변화를 정확히 이해·예측·대응하는 것은 이 시대 우리 모두의 과제입니다. 인공지능총서는 인공지능 기술과 환경의 여러 주제를 10가지 키워드로 정리합니다. 관련 개념과 이론, 학계와 산업계의 쟁점, 우리 일상의 변화를 다룹니다. 인간과 기술의 현재, 미래를 세심히 분석합니다.

일러두기

- 인명, 작품명, 저서명, 개념어 등은 한글과 함께 괄호 안에 해당 국가의 원어를 병기했습니다.
- 외래어 표기는 현행 어문규정의 외래어표기법을 따랐습니다. 다만 '딥러닝', '딥마인드', '딥페이크' 등은 관행을 따랐습니다.

AI와 디지털 휴먼

정태섭

대한민국, 서울, 커뮤니케이션북스, 2024

AI와 디지털 휴먼

지은이 정태섭
펴낸이 박영률

초판 1쇄 펴낸날 2024년 9월 23일

커뮤니케이션북스(주)
출판 등록 2007년 8월 17일 제313-2007-000166호
02880 서울시 성북구 성북로 5-11
전화(02) 7474 001, 팩스(02) 736 5047
commbooks@commbooks.com
www.commbooks.com

ISBN 979-11-288-9965-2 03500

책값은 뒤표지에 표시되어 있습니다.

차례

AI와 디지털 휴먼의 융합

만화를 좋아하는 시기가 있다. 영화를 좋아하는 시기가 있다. 하지만 우리는 어느 시기에 강제로 규제를 받아야 했다. 그 시기에 많은 사람들이 노트북, 휴대폰 등 이동용 기기를 가지고 혼자서 즐기는 시기를 거쳤다. 그 시기에 디지털에 대한 관심이 늘기 시작했다. 디지털 기기의 사용도 늘었다. 그렇다고 엄청난 디지털 문명으로의 변화는 아니었다.

이 변화 이전에 디지털 휴먼에 관심을 가지는 순간이 있었다. 지금은 우리가 〈스타워즈 에피소드 4〉라고 알고 있는 '스타워즈'였다. 우리나라에 수입 개봉되어 극장에서 보았다. 그 당시 가장 마지막 장면과 나중에 리마스터링된 장면이 달랐던 것이다. 그 당시 내 기억속의 영상은 가죽 털옷을 입은 덩치가 큰 사람이었다. 하지만 그 후 개봉된 〈스타워즈 6〉(우리나라에서는 4, 6, 5편 순서로 개봉이 되었다)에 '자바헛'이라는 이름을 가진 우주인이 등장하는데 내가 기억하는 모습이 아니었다. 컴퓨터로 만든 디지털 액터였다.

뉴스에 바둑을 두는 인공지능 '알파고(AlphaGo)' 이야기가 연일 나오기 시작했다. 체스는 인공지능(당시 인공지능보다는 컴퓨터라고 하는 사람들이 많았다)이 인간 최고의 선수를 이겼지만, 많은 동양권의 사람들은 인공지능이 바둑은 절대로 이길 수 없다고 하던 시기다. 그런데 이 이야기는 전혀 다른 방향으로 움직이기 시작했다. 이세돌 9단과 바둑을 두는 알파고는 첫날부터 센세이션을 일으켰다. 아마 우리나라에서는 이 순간부터 전국의 공무원과 대학에서 인공지능에 대해 엄청난 관심을 가지게 되었던 것 같다. 학습하는 인공지능에게 인간은 유일하게 1승을 거두었다. 아니, 인공지능과 겨루었던 체스와 바둑에서 인간이 1승을 올린 것이다.

21세기는 인공지능(AI)과 디지털 휴먼이라는 두 혁신적 기술의 융합을 통해 리얼리티의 개념을 재정의하고 있다. 이 두 기술은 개별적으로도 우리 삶에 큰 변화를 불러왔지만, 이들이 결합할 때 그 영향력은 상상 이상이다. AI와 디지털 휴먼의 발전 과정과 현재 상태, 그리고 이들의 융합이 우리의 리얼리티에 어떤 변화를 불러올 것인지에 대해 깊이 있게 논의하고자 한다.

어린 시절, 우리는 종종 내가 가지고 있는 인형들이 진짜 사람처럼 움직이고 이야기할 수 있기를 꿈꾸었다. 누구에게는 단순한 환상일 수 있지만 '프랑켄슈타인'과 같은 다양한 상상력을 자극했다. 기술의 발전은 꿈을 현실로 만들 수 있는 시기가 다가오고 있다. 단순한 장난감이 아닌, 나 혼자 질문하고 답하는 인형 놀이가 아닌 사람처럼 행동하고 소통하는 존재로 변모하고 있음을 보여 주고 있다.

리얼리티의 변화

인공지능의 개념은 1950년대에 앨런 튜링(Alan Turing)의 연구로 거슬러 올라간다. 튜링은 기계가 인간처럼 사고할 수 있는지에 대한 질문을 던졌고, 이는 곧 인공지능 연구의 출발점이 되었다. 초기의 AI 연구는 주로 논리적 문제 해결과 간단한 규칙 기반 시스템에 집중되었다. 그러나 21세기에 들어서면서 컴퓨팅 파워와 데이터양이 급격히 증가하며 AI는 급속도로 발전하게 되었다.

인공지능은 디지털 휴먼의 딥러닝(deep learning)과 강화 학습(reinforcement learning) 등의 기술이 등장하면서 이미지 인식, 자연어 처리(NLP), 자율 주행 등 다양한 분야에서 놀라운 성과를 이루어 냈다. 예를 들어, 구글 딥마인드(DeepMind)의 알파고(AlphaGo)는 인간 최고 수준의 바둑 기사를 이기며 AI의 가능성을 극명히 보여

주었다. 또한, 의료 분야에서 AI는 복잡한 질병의 진단과 치료 계획 수립에 혁신적인 도구로 자리 잡고 있으며, 금융 분야에서는 시장 예측과 리스크 관리에 중요한 역할을 하고 있다.

리얼리티는 우리가 인식하는 현실을 의미하지만, 인공지능의 발전은 이 개념을 완전히 새로운 차원으로 끌어올렸다. AI는 우리 주변의 자료를 수집하고 분석하며, 이를 통해 예측과 결정을 내린다. 이런 능력은 우리의 일상적인 경험을 향상시키고, 새로운 형태의 리얼리티를 창출한다.

디지털 휴먼은 컴퓨터 그래픽스, 애니메이션, 그리고 AI 기술이 결합된 결과물로, 현실감 있는 가상의 인간을 의미한다. 이들은 단순히 시각적으로만 존재하는 것이 아니라 다양한 상황에서 인간과 상호 작용할 수 있는 능력을 갖추고 있다. 디지털 휴먼은 엔터테인먼트, 교육, 의료, 고객 서비스 등 다양한 분야에서 활용되고 있으며, 그 가능성은 무궁무진하다.

디지털 휴먼의 발전은 특히 엔터테인먼트 산업에서 두드러진다. 가상의 배우나 가수는 현실의 한계를 넘어 새로운 형태의 콘텐츠를 창출하고 있으며, 팬들과의 상호 작용도 더욱 개인화되고 있다. 예를 들어, 일본의 가상 아이돌 하츠네 미쿠(Hatsune Miku)는 수많은 팬을 보유하고 있으며, 실제 공연장에서 공연을 펼치기도 한다. 교육 분야에서는 가상의 교사가 학생들과 상호 작용하며 학습 경험을 향상하고 있고, 의료 분야에서는 디지털 휴먼이 정서적 지원과 심리 치료에 활용되고 있다. AI와 디지털 휴먼의 융합은 우리에게 새로운 리얼리티를 창조하는 데 중요한 역할을 한다. AI는 디지털 휴먼에게 지능을 부여해 이들이 단순한 시각적 존재를 넘어 실제로 생각하고 학습하며 상호 작용할 수 있도록 만든다. 예를 들어, AI가 통합된 디지털 휴먼은 고객 서비스에서 실제 사람처럼 질문에 답변하고 문제를 해결할 수 있으며, 의료 분야에서는 환자와 상호 작용하며 정서적 지원을 제공할 수 있다. 이러한 융합은 다양한 산업에서 혁신적인 변화를 끌어낼 것이다.

기술적 과제와 윤리적 고려 사항

AI와 디지털 휴먼의 발전에는 여러 기술적 과제가 따른다. AI는 여전히 데이터의 품질과 양에 크게 의존하며, 복잡한 상황에서의 의사 결정 과정은 여전히 많은 연구가 필요하다. 딥러닝 모델은 방대한 데이터와 고성능 컴퓨팅 힘이 필요하며, 이는 높은 비용과 에너지 소비를 동반한다. 또한, AI 시스템의 투명성과 설명 가능성(explainability) 문제는 여전히 해결해야 할 중요한 과제다.

디지털 휴먼의 경우, 현실감 있는 그래픽스와 자연스러운 애니메이션을 구현하는 데 많은 기술적 도전이 존재한다. 높은 수준의 디테일과 자연스러운 움직임을 구현하기 위해서는 많은 연산 자원이 필요하며, 이는 또한 비용 문제와 직결된다. 더욱이, 디지털 휴먼의 상호 작용 능력을 향상하기 위해서는 AI와의 긴밀한 통합이 필요하며, 이는 또 다른 기술적 과제를 초래한다.

이러한 기술적 도전 외에도 윤리적 고려 사항은 매우 중요하다. AI와 디지털 휴먼이 인간의 일자리를 대체할 가능성은 큰 사회적 논쟁을 불러일으키고 있다. 특히, 단순 반복 작업이나 고객 서비스와 같은 분야에서는 이러한 대체가 현실화할 가능성이 크다. 이는 노동 시장에 큰 변화를 초래할 수 있으며, 이에 대한 대비가 필요하다.

또한, AI와 디지털 휴먼의 사용은 개인 정보 보호와 관련된 문제를 초래할 수 있다. 디지털 휴먼이 상호 작용하는 과정에서 수집되는 데이터는 매우 민감할 수 있으며, 이를 보호하기 위한 강력한 보안 조치가 필요하다. 더욱이, AI의 의사 결정 과정이 투명하지 않을 경우, 이는 사용자들에게 신뢰 문제를 일으킬 수 있다. 따라서 AI와 디지털 휴먼의 개발과 사용에 있어서는 윤리적 기준과 규제를 준수하는 것이 필수적이다.

내가 하고 싶은 이야기

'인간은 언제부터 인공지능에 관심이 있었을까?'라는 질문을 요즘 많이 하고 있다. 산업 혁명 이후 만들어진 소설과 영화, 만화를 보면 인공지능에 관한 이야기가 많이 거론되는 것을 볼 수 있다. 특히 제2차 세계 대전 이후에는 앨런 튜링이나 원자폭탄 투하 이후 발전된 문화가 세기말적 모습을 보였다.

〈스타워즈(Star Wars)〉를 보면 "A long time ago in a galaxy far, far away…(아주 오래전 은하계 저 너머에서…)"라는 글로 시작한다. 먼 과거에 모든 우주의 언어를 번역하는 인공지능 로봇이 존재하는 것이다. 전쟁에서 암호를 해독하기 위한 앨런 튜닝의 인공지능이 개발되기까지 모든 상상 속의 기계가 인공지능이다. 그런 인공지능이 인간과 다른 세계를 구축하고, 그 세계의 모든 것을 조정하면서 새로운 세계를 구축하는 이야기는 〈매트릭스(The Matrix)〉다. 기존의 세계이면서 새로운 세계의 이야기가 지속해서 만들어지는 것은 그만큼 인공지능에 관해 관심이 많아졌기 때문이다. 하늘을 나는 '네오'의 모습을 영상에 만드는 것이 실현되는 것이다.

이 책은 인공지능과 함께 우리의 상상력을 자극하는 디지털 휴먼을 10가지 정의로 구성했다.

1장은 인형의 꿈이다. 어린 시절, 우리는 종종 인형과 함께 놀며 그들이 진짜 사람처럼 움직이고 이야기하는 꿈을 꾸었다. 이 단순한 생각은 기술의 발전과 함께, 그 꿈을 이루는 시기에 살고 있다. 벤야민의 사적 유물론에 언급된 체스 두는 인형이 인공지능을 만난 디지털 휴먼으로 이 시기에 존재하는 것이다. 디지털 휴먼이라는 주제는 다양한 분야에서 흥미롭고 중요한 주제로 떠오르고 있다. AI는 컴퓨터 프로그램을 이용해 인간의 지능적 행동을 모방하거나 수행할 수 있도록 하는 기술을 의미하며 주요 기술로는 머신러닝, 딥러닝, 자연어 처리, 컴퓨터 비전 등이 있다. 이를 이용해 만들어진 디지털 휴먼은 현실에 존재하지 않지만, 존재할 수 있는 인격체의 모방이다. 인형의 꿈은 AI와 디지털 휴먼이 우리 곁에 있게 되는 과정의 이야기를 정리했다.

2장은 AI의 디지털 휴먼 재현에 관한 내용이다. 인공지능 기술의 눈부신 발전은 디지털 휴먼의 탄생을 가능하게 했다. 디지털 휴먼은 컴퓨터 그래픽과 AI 알고리즘을 결합해 실제 사람처럼 보이고 행동하는 가상 존재다.

이러한 디지털 휴먼은 영화, 게임, 광고 등 다양한 분야에서 활용되고 있으며, 때로는 현실의 배우나 모델보다 더 큰 인기를 끌기도 한다. 그들은 인간의 표정, 움직임, 목소리를 정교하게 모방해 마치 실제 사람과 같은 느낌을 준다. 이는 AI 기술이 단순한 데이터 처리와 예측을 넘어 인간의 복잡한 감정과 행동을 재현할 수 있는 수준으로 발전했음을 의미한다.

3장은 디지털 휴먼의 몰입감이다. 디지털 휴먼의 재현은 사용자에게 몰입감을 제공해야 한다는 것이다. 가상 현실과 증강 현실 기술이 결합된 디지털 휴먼은 현실과 구분하기 어려운 경험을 제공한다. 예를 들어, VR 헤드셋을 착용하고 디지털 휴먼과 상호 작용하면, 사용자는 마치 실제 사람과 대화하는 것처럼 느낄 수 있다. 이는 엔터테인먼트, 교육, 심리 치료 등 다양한 분야에서 새로운 가능성을 열어 준다. 특히 팬데믹으로 인해 대면 접촉이 제한된 상황에서 디지털 휴먼은 다양한 분야의 연결 고리로서 중요한 역할을 했다.

4장은 AI의 현실 모방이다. AI 기술은 현실을 모방하는 데서도 놀라운 성과를 거두고 있다. 특히, 딥러닝 알고리즘은 방대한 양의 데이터를 학습해 인간의 언어, 표정, 움직임을 정밀하게 모방할 수 있다. 이러한 기술은 디지털 휴먼의 제작에 필수적이며, 그들이 더욱 자연스럽게 보이고 행동할 수 있도록 돕는다. 예를 들어, 자연어 처리 기술을 통해 디지털 휴먼은 사람처럼 대화할 수 있으며, 컴퓨터 비전 기술을 통해 인간의 복잡한 표정을 재현할 수 있다. 이러한 기술의 결합은 디지털 휴먼을 실제 인간과 구별하기 어려울 정도로 현실감 있게 만드는 데 이바지한다.

5장은 공연 · 전시와 디지털 휴먼에 관한 내용이다. 공연과 전시 분야에서도 디지털 휴먼은 혁신적인 변화를 불러오고 있다. 가상 콘서트, 디지털 전시회, 인터랙티브 퍼포먼스 등 다양한 형태의 콘텐츠에서 디지털 휴먼이 활용되고 있다. 예를 들어, 가상 아이돌이나 뮤지션은 실제 무대에서 공연하는 것처럼 보이지만 사실은 컴퓨터 그래픽과 AI 기술로 만들어진 디지털 휴먼이다. 이러한 공연은 관객에게 새로운 시각적 · 청각적 경험을 제공하며, 기존의 공연 예술과는 다른 매력을 선사한다. 또한, 디지털 휴먼은 전시회에서 관람객과 상호 작용하며 작품에 대한 설명을 제공하거나 가상 투어를 안내하는 소임을 수행할 수 있다.

6장은 인공지능과 디지털 리얼리티를 중점적으로 이야기했다. 디지털 휴먼은 단순히 가상의 존재로만 머무

르지 않는다. AI 기술을 통해 그들은 디지털 리얼리티라는 새로운 차원을 만들어 내고 있다. 디지털 리얼리티는 현실과 가상의 경계를 허물고, 둘 사이의 상호 작용을 가능하게 한다. 예를 들어, 스마트 홈 시스템에서 디지털 휴먼은 사용자의 명령을 이해하고 실행하며 가상의 비서 역할을 수행할 수 있다. 또한, 디지털 휴먼은 온라인 쇼핑몰에서 고객과 상호 작용하며 제품 추천이나 구매 상담을 제공할 수 있다. 이러한 디지털 리얼리티는 우리의 일상생활을 더욱 편리하고 풍부하게 만드는 데 기여하고 있다.

7장은 디지털 인플루언서에 관해서 서술했다. 디지털 휴먼은 소셜 미디어에서도 큰 주목을 받고 있다. 디지털 인플루언서는 실제 사람이 아닌 가상 존재임에도 불구하고 수백만 명의 팔로워를 보유하고 있다. 그들은 브랜드와의 협업을 통해 광고 캠페인을 진행하거나, 콘텐츠를 제작해 팬들과 소통한다. 디지털 인플루언서는 인간 인플루언서와 달리 피로를 느끼지 않으며, 언제든지 활동할 수 있다는 장점이 있다. 또한, 그들은 특정 이미지를 유지하거나 변화를 주기 위해 AI 기술로 자유롭게 외모를 변경할 수 있다. 이러한 디지털 인플루언서는 마케팅과 광고 산업에 새로운 패러다임을 제시하고 있다.

8장은 디지털 휴먼의 장단점에 관해 알아보고자 한다. 디지털 휴먼은 현실에서 인간의 모습을 정교하게 재현할 수 있지만, 그들은 여전히 가상 존재라는 점에서 '가면'을 쓰고 있다고 할 수 있다. 이러한 가면은 때로는 장점으로, 때로는 단점으로 작용할 수 있다. 가상 공간에서의 익명성은 사용자가 자유롭게 표현할 수 있는 기회를 제공하지만, 동시에 책임감의 부재로 인해 부정적인 행동을 초래할 수도 있다. 예를 들어, 디지털 휴먼을 이용한 사기나 허위 정보 유포 등의 문제는 사회적으로 큰 논란이 되고 있다. 따라서 디지털 휴먼의 사용과 관련한 윤리적 기준과 규제가 필요하다.

9장은 재현의 리얼리티에 관해 정리했다. AI의 재현 리얼리티는 디지털 휴먼이 현실과 얼마나 유사하게 보이고 행동할 수 있는지를 의미한다. 이는 기술적으로 매우 도전적인 과제이며, 동시에 매우 중요한 목표다. AI 기술의 발전은 디지털 휴먼이 사람의 눈을 속일 정도로 정밀하게 재현될 수 있게 했다. 예를 들어, 딥페이크 기술은 특정 인물의 얼굴을 다른 사람의 얼굴에 정교하게 합성할 수 있으며, 이는 영화나 광고 등에서 다양한 용도로 활용되고 있다. 그러나 이러한 기술의 남용은 사생활 침해나 정보 왜곡 등의 문제를 일으킬 수 있다. 따라서 재현 리얼리티 기술의 발전과 함께, 이를 올바르게 사용하는 방법에 대한 논의가 필요하다.

10장은 디지털 휴먼이 실감형 콘텐츠의 핵심 요소임을 논했다. 실감형 콘텐츠는 사용자가 몰입할 수 있는 환경을 제공하며, 이를 통해 더욱 풍부한 경험을 선사한다. 예를 들어, 디지털 휴먼을 이용한 인터랙티브 스토리텔링은 사용자가 이야기의 주인공이 되어 디지털 휴먼과 상호 작용하며 이야기를 진행할 수 있게 한다. 이는 게임, 교육, 치료 등 다양한 분야에서 활용될 수 있으며, 사용자의 참여도와 만족도를 높이는 데 이바지한다. 또한, 디지털 휴먼은 실시간으로 사용자와 상호 작용하며 개인 맞춤형 경험을 제공할 수 있다.

AI와 디지털 휴먼 재정의

디지털 미디어는 디지털 영상 플랫폼의 종류에 따라 영상 콘텐츠를 포함한 제작 방법 등에서 다양하게 변화하고 있다. 할리우드의 경우에는 거대 자본이 제작에 참여함으로써 만화를 영화화하는 작업이 꾸준히 이어져 왔다. 그런데 만화를 영화화하면서 만화적 표현을 실사로 어떻게 옮길 수 있을까 하는 문제가 생겼다. 또한 인플루언서라는 직업이 생기면서 유행의 가치와 변화를 지속해서 알려주는 직업이 생기게 되었고, 가상의 인간이 가상의 공간에 나타나기 시작했다. 우리나라에서는 가상의 인플루언서가 아닌 가상의 인물이 노래와 뮤직비디오를 통해 알려지기 시작했다. 문화의 변화가 일어날 수 있는 시기였지만, 기술적 한계를 넘어서지 못하고 보류되었다.

AI와 디지털 휴먼의 융합은 단순한 기술적 발전을 넘어, 우리 사회와 문화 전반에 걸쳐 리얼리티의 개념을 재정의하고 있다. 이 책은 기술이 가져올 변화와 도전이 어떤 의미인지 이해하고, 이를 준비할 수 있도록 돕고자 한다. AI와 디지털 휴먼을 우리의 새로운 리얼리티로 재구성할지, 미래의 새로운 모습과 기회를 얻을 수 있는 디지털 휴먼의 통찰을 제공한다.

AI와 디지털 휴먼의 발전은 우리의 삶에 많은 변화를 불러오고 있다. 그것들은 우리의 상상력을 자극하며 새로운 형태의 콘텐츠와 경험을 제공하고 있다. 그러나 이러한 기술의 발전과 함께, 윤리적 문제와 사회적 책임에 대한 논의도 중요하게 대두하고 있다. 디지털 휴먼은 단순한 가상이 아니라 우리의 일상생활 속으로 깊숙이 스며들고 있으며, 우리는 그들과의 상호 작용을 통해 더 나은 미래를 만들어 나가야 한다. 인형의 꿈은 이제 현실이 되었고, 우리는 그 꿈을 통해 새로운 가능성을 탐구할 수 있다. AI와 디지털 휴먼의 세계는 아직 많은 가능성을 내포하고 있다.

AI와 디지털 휴먼의 융합은 우리에게 많은 기회를 제공하는 동시에, 여러 도전과 윤리적 고려 사항을 동반한다. 우리는 이러한 기술을 이해하고, 이를 통해 우리의 리얼리티를 재정의해야 한다. AI와 디지털 휴먼의 잠재력을 이해하고, 이를 통해 미래를 준비할 수 있는 통찰을 얻기를 바란다.

01
인형의 꿈

이제 디지털 공간 안으로 들어가 보자. 이 디지털 공간은 2D와 3D 공간이 존재한다. 2차원적인 공간은 이미지의 공간이며, 투시도에 의해 강제적인 원근이 존재한다. 하지만 3차원의 공간은 우리가 사는 세상과 비슷하게 바닥과 하늘(천정)이 존재한다. 이곳은 카메라에 의해 입체적인 모습으로 보인다. 그림자와 빛이 숫자에 의해 존재하는 공간이다. 이곳에 디지털 휴먼이 존재한다.

탄생하기 전

깜깜한 화면에 대형 우주선이 머리 위로 날아간다. 날아가는 우주선을 쫓고 있는 다른 우주선. 우주선이 타격을 받고 있고, 우주선 내부에는 황금빛 로봇이 종종걸음을 하면서 도망가고 있다. 영화에 등장한 움직이는 로봇의 이름은 C-3PO다. 영화 〈스타워즈〉(1978)에 등장한 AI가 내장된 통역 전문 로봇이다.

대중에게 AI는 만화나 공상 과학 소설, 영화, 드라마에 등장하는 그저 그런 허구의 이야기였다. 마치 AI가 내장된 것 같은 인형이 등장하기도 했지만, 이는 산업 혁명 이후에 축적된 기술을 이용해 전시와 돈벌이 수단으로 만든 말 그대로 움직이는 인형일 뿐이었다.

발터 벤야민(Walter Benjamin, 1892~1940)은 『역사철학테제』(1942)에 언급된 '사적 유물론'에서 사적 유물론을 자동으로 움직이는 기계인형에 빗대어 설명했다. 그 인형은 터키 의상을 입고 넓은 책상 위에 놓인 장기판 앞에서 사람과 대적해 체스를 두고 있는데, 사실은 책상 밑에 체스를 잘 두는 난쟁이가 숨어서 거울을 통해 장기판을 바라보며 말을 움직인다는 것이다.

이후 시간이 흘러 1997년이 되자 IBM의 슈퍼컴퓨터 딥블루(Deep Blue)가 체스 세계 챔피언 가리 카스파로

프(Garry Kimovich Kasparov, 1963~)와의 맞대결에서 36수만에 승리를 거두는 믿기 힘든 일이 현실화되었다.

최근에는 유례를 찾을 수 없는 팬데믹으로 모든 일이 정지되고 사람들이 격리되면서 미디어에 대한 의존도가 상당히 높아졌다. 그중에서도 짧은 영상(숏츠 영상이라고 불린다)들이 인기를 얻게 되고, 새로운 공간에 관한 인식이 머릿속에 각인되기 시작했다. 영상 제작 환경도 어려워진 시기에 디지털 공간의 확장으로 새로운 배우(인물)를 탄생시키는 조건이 충족되었다.

새로운 디지털 미디어 공간에서 움직이는 디지털 배우 혹은 디지털 인물인 디지털 휴먼(digital human)은 아직까진 정확한 구분과 명칭이 정해져 있지 않다. 업계에서는 통상적으로 '인공 인간, AI 휴먼, 디지털 휴먼, AI 아바타, 버추얼 인플루언서, 디지털 액터' 등으로 다양하게 불리고 있지만, 지금부터는 디지털 미디어 공간에서 움직이는 모든 디지털 인간을 디지털 휴먼으로 부르고자 한다.

디지털 휴먼의 등장

1970년대를 지나면서 전 세계는 개인용 컴퓨터의 등장으로 조금씩 개인 환경 변화가 일어났다. 우리나라의 경우에는 1980년대 중반에 컴퓨터가 도입되었지만, 일반 환경에서 사용되기는 아직 먼 이야기였다. 하지만 1990년대에 인터넷이 도입되면서 개인 사용자 환경이 아주 조금씩 변화되기 시작했다.

AI는 소설이나 영화에서 다양한 모습으로 등장했는데, 우리 인간에게 도움을 주는 것과 적대적인 것으로 나뉘었다. 예를 들어, 〈아이언 맨〉(2008)에 등장하는 '자비스'는 철저히 명령에 따라 움직이는 AI였지만, 〈매트릭스〉(1999)에 등장하는 AI는 인간을 복제해 자신의 에너지원으로 사용했다.

AI를 사용해 만들어진 디지털 휴먼이 아닌, 오로지 디지털 창작자에 의해 만들어진 우리나라 최초 디지털 휴먼은 '아담'(1998)이라는 이름의 디지털 휴먼 가수다. '아담'의 경우는 사람들에게 알려지고 인기를 얻었지만, 그 당시 제작사인 '아담소프트'는 기술 변화 속도를 따라갈 수 없음을 토로했다. 그래서 디지털 휴먼임에도 군 입대라는 초강수 스토리텔링까지 만들면서 제작 시간을 벌었지만, 끝내는 아담을 폐기할 수밖에 없었다.

이후 2016년에 등장한 알파고(AlphaGo)는 프로 바둑기사인 이세돌과 대국을 벌여 3:1로 승리를 거두었다. 이후 인공지능에 관한 관심은 사람들 사이에서 사라졌다. 아니 사라졌었다. 그러면 우리가 인공지능에 관해 관심을 가지며 인식하던 시기는 언제일까? 예전 만화에서 나오는 미래의 세계는 집에 인공지능 기능이 있어서 모든 것을 자동화하는 집의 모습을 보였던 시기가 있었다. 1990년대에는 가정 및 사회에 보급되는 AI를 유비쿼터스(Ubiquitous)라는 용어로 정의했다.

유비쿼터스는 1988년에 등장해 제3의 정보 혁명을 이끌 것으로 기대를 모았다. 유비쿼터스는 사물 인터넷, 즉 IoT(Internet of Things)의 전신으로 볼 수 있으며, 사물 지능 통신 M2M(Machine to Machine)의 개념으로 진화했다. AI에 의해 사회와 도시 및 집의 역할과 기능이 변화를 보이던 순간이었다.

이렇게 기계에 AI가 결합하면서 다양한 모양의 인형들이 존재하게 되었다. 특히 1999년 소니(Sony)에서 만든 로봇 강아지 '아이보(Aibo)'는 내장된 AI 기능인 학습 알고리즘을 통해 주인의 습관과 선호도를 파악한 뒤 행동할 수 있는 로봇이다. AI를 탑재한 로봇을 실생활에서도 사용할 수 있게 된 것이다.

인형의 꿈

이제 디지털 공간 안으로 들어가 보자. 이 디지털 공간은

2D와 3D 공간이 존재한다. 2차원적인 공간은 이미지의 공간이며, 투시도에 의해 강제적인 원근이 존재한다. 하지만 3차원의 공간은 우리가 사는 세상과 비슷하게 바닥과 하늘이 존재하며, 카메라에 의해 입체적인 모습으로 보인다. 그림자와 빛이 숫자에 의해 존재하는 공간이다. 이곳에 디지털 휴먼과 현실 모습이 복제된 다양한 디지털 생명체들이 존재할 수 있다.

디지털 생명체 중 하나인 디지털 휴먼도 디지털 공간과 같이 2D, 3D 방식으로 제작된다. 디지털 휴먼은 사람의 모습을 디지털화한 존재이기 때문에 다양한 분야에서 사용될 수 있다. 그러면 일반인이나 연예인, 정치인들은 무조건 사용할 수 있는 것일까? 몇 년 전에는 특별한 기술을 가진 사람만이 사용했지만, 지금은 개인이 짧은 시간에 AI 프로그램을 이용하면 쉽게 제작할 수 있다.

디지털 휴먼이라는 주제는 다양한 분야에서 흥미롭고 중요한 주제로 떠오르고 있다. AI는 컴퓨터 프로그램을 이용해 인간의 지능적 행동을 모방하거나 수행할 수 있도록 하는 기술을 의미하며, 주요 기술로는 머신러닝, 딥러닝, 자연어 처리, 컴퓨터 비전 등이 있다. 이를 이용해 만들어진 디지털 휴먼은 현실에 존재하지 않지만, 존재할 수 있는 인격체의 모방이다.

하지만 사람들은 〈바이센테니얼 맨〉(2000)에 나온 것처럼 AI가 탑재된 사람과 친근한 가사 도우미 로봇을 등장시켜 AI에 의해 학습된 일을 스스로 진행하게 한다. 이를 통해 이성을 강조한 〈터미네이터〉(1984)와는 다른, 감성을 통한 로봇의 권리를 주장한다.

로봇을 주제로 한 소설과 이 소설을 원작으로 만들어진 영상에서는 두 가지 로봇의 형태로 나뉘는데, 탑재된 프로그램에 따라 단순히 움직이는 기계로 취급되는 로봇과 AI에 의해 감성이 더해진 '자아'를 의식하는 로봇으로 그려지고 있다. '자아'를 인식한 시스템은 주요 특징인 자신의 '보호', '유지', '확장'의 법칙에 따라 AI도 욕망의 단계가 적용된다.

영상에서 디지털 휴먼은 스스로 생각하는 단계로 진행되었다. 인간을 대신할 수 있는 부분을 디지털 휴먼으로 대체한 것이다. 〈A.I〉(2001)라는 영화에서 인공지능을 탑재한 로봇이 자신의 상황은 인식하지 못한 상태에서 주인의 관심을 끌고자 자신의 역할 이상의 행동을 보이면서 주인은 두려움과 공포를 느끼게 되어 결국 AI가 탑재된 로봇을 버리게 된다.

새롭게 등장한 미디어와 플랫폼에서 인공지능을 이용한 디지털 휴먼의 역할은 사람들에게 가벼운 흥미와 관심의 대상이 된 것이다. 그런데 2020년부터 갑작스럽게 펼쳐진 팬데믹(pandemic) 상황은 전 세계인의 생활 환경을 짧은 시간에 급속하게 변화시켰고, 강제적으로 디지털 문명에 접어들게 만들었다. 각 나라에서는 국경을 전면 봉쇄했으며, 사람들은 격리 생활에 돌입하면서 움직임의 반경이 작아지게 되었다.

스마트 폰과 디지털 패드의 편리한 기능 및 새롭게 등장한 플랫폼과 미디어들이 사람들에게 각광받게 되었고, 그 결과 지금은 디지털에 둔감했던 사람들조차 스마트 미디어에 쉽게 접근하고 있다.

참고문헌

고지현(2010). 발터 벤야민의 역사철학테제: 역사주의와 역사 유물론 그리고 메시아주의의 성좌구조. ≪도시인문학연구≫. 2(1), 107-142쪽.

권오현(2012). 『메타버스 내 게임형 가상세계와 생활형 가상세계에 대한 연구: 몰입이론을 중심으로』. 건국대학교 대학원 석사학위 논문.

류철균·안진경(2007). 가상세계의 디지털 스토리텔링 연구: 〈세컨드 라이프〉와 MMORPG의 비교를 중심으로. ≪게임산업저널≫, 16, 30-47쪽.

이정현(2022). VR기술을 활용한 전시공간의 실감콘텐츠 개발 연구. ≪한국디자인리서치≫, 7(3), 9-18쪽.

임홍순(2021). 디지털 시대의 인격권 보호 방안에 관한 연구.

≪차세대융합기술학회논문지≫. 5(6), 1246-1253쪽.
정태섭(2021). 리얼리티 공간과 디지털액터: 〈아바타〉, 〈레디플레이어 원〉을 중심으로. ≪차세대융합기술학회논문지≫, 5(1), 141-148쪽.
정태섭(2022). 디지털 휴먼의 인문적 고찰. ≪차세대융합기술학회논문지≫, 6(9), 17621-1771쪽.
진중권(2005). 『놀이와 예술 그리고 상상력』. 휴머니스트.
진중권(2008). 『디지털 복제 시대의 예술품』. 안그라픽스.

02
AI의 디지털 휴먼 재현

우주는 경험해 보지 못한 곳이다. 그 공간을 디지털 이미지로 만들면 학습량에 따라서 자신이 알고 있는 우주의 모습을 그리게 된다. 새롭게 만들어 낸 이미지들은 자신의 학습 역량에 따라 머릿속에 떠올리고 있는 이미지를 재현한다. 재현 이미지는 사실처럼 보이는 이미지 구성을 위해 입체감을 그림자와 빛으로 구성한다. AI는 기계적 학습 능력과 인터넷에 있는 모든 자료를 이용해 자신의 공간을 재창출할 수 있다.

재현의 의미

재현은 원본이 존재하며 그것을 다시 현재의 사물로 재인식하는 것을 말한다. 재현은 영어로 'Representation'으로 번역되고 있다. 이는 '누군가를 대신해 말하거나 행동하는 행위 또는 그렇게 대표되는 상태', '누군가 또는 사물을 특정한 방식이나 특정 성격의 존재로 묘사하는 것', '예술 작품, 특히 회화나 조각의 제작 또는 공연'을 뜻한다. 여기에서 재현을 세분화한다면 '유사성(類似性)의 원칙'과 '표상(表象)', 그리고 '대의제(代議制)'로 구분할 수 있다.

첫 번째, 유사성의 원칙은 원본과 닮음이다. "당신이 보는 것은 바로 이것이다"라는 푸코의 정의를 기준으로 했다. 이것은 우리가 보는 모든 회화에 대한 정의다. 정물이나 풍경과 그림으로 보았던 본인의 경험을 기억으로, 다시 생각과 기억 속의 이미지로 떠올리게 된다. 자기 경험으로 그 정물에 대한 이미지나 풍경에 대한 이미지를 다시 떠올린다는 것이다. 그대로 떠올린다면 복제다. 자신이 생각하는 이미지는 조합을 통해 가장 가깝게 재현한다. 재현하는 표현 도구가 디지털이며, 컴퓨터와 패드라는 하드웨어와 소프트웨어다. 화가가 물감으로 그리는 것과 같다.

디지털의 재현으로 우주를 표현한다면? 우리가 아는 우주는 경험해 보지 못한 곳이다. 다만 우주의 사진은 인터넷에 많이 있다. 그 우주 공간을 디지털 이미지로 만들면 학습량과 정보량에 따라서 자신이 알고 있는 우주와 다양한 모습의 우주를 그리게 된다. 새롭게 만들어 낸 이미지들은 자신의 학습과 정보에 따라 구성된, 마치 새롭게 떠올리고 있는 것과 같은 이미지를 재현한다. 재현 이미지는 사실처럼 보이는 이미지 구성을 위해 입체감을 그림자와 빛으로 구성한다. AI는 기계적 학습 능력과 인터넷에 있는 모든 자료를 이용해 자신의 공간을 재창출할 수 있다.

두 번째, '표상'은 한마디로 앞에서 '우주'라고 이야기할 때 '우주'의 모습이 떠올려지는 것과 같다. 일반적인 산을 기준으로 '산' 그러면 자신이 학습한 '산'의 모습이 떠오를 것이다. 표상은 이미지의 실재에 대한 주체 의미인 본질로 해석될 수 있다. 즉, 겉에서 보이는 모든 이미지라고 한다. 우리가 대상 간의 유사성을 암시하는 언어나 이미지를 통해 외형적 본질을 이해하고 경험하는 것이다.

셋째, '대의제'는 자신이 직접 하는 것이 아니라 누군가가 대신해 주는 것을 말한다. 하지만 자신의 의견을 다른 사람을 통해 관철될 수 있게 하는 것으로, 우리는 일반적으로 투표를 통해 자신의 의견을 말한다. 이는 자신이 할 수 없는 것을 그 누군가가 대신해 줄 수 있다고 보고 자신의 의견을 반영하는 것이다.

디지털 이미지의 재현은 가장 합리적이면서도 계산할 수 있는 방식으로 기존의 이미지를 변경하는 것이다. 즉, 재현은 원본 이미지를 통해 새롭게 만들어지는 것으로, 원본을 새로운 이미지로 창출하면서도 그 이미지가 전달하려는 것이 함유되어 있어야 하며, 재현을 통해서 다른 사람들이 새로운 체험을 통한 대리 만족을 할 수 있어야 한다.

재현 이미지

영상은 현실에 존재하는 이미지 재현을 통해 만들어진 이미지다. 특히 디지털 이미지의 경우에는 재현의 개념 없이는 존재할 수 없다. 디지털 이미지는 재현과는 다른 새로운 무언가를 만들 수 있는데, 이를 창조라고 할 것인가? 이미지와 이미지 결합을 통해 새롭게 만들어지거나, 프로그램을 통해 새롭게 창조되거나, 디자인 과정을 통해 이미지와 이미지의 결합과 형태(shape)와 형태의 결합 모두 '재현'이라고 통칭할 수 있다. 여기에서 프로그램을 통한 창조를 재현이라고 하는 것은 프로그램 스스로 발전과 진화를 통해 새롭게 만들어지는 것이 아니라, 프로그래머가 프로그램을 입력해 만들어지는 것이기 때문이다.

디지털 영상을 제작하는 경우 3D 프로그램으로 만들어진 영상이 아닌 경우에는 분리된 이미지들을 사용한다. 이때 분리된 이미지들을 이용한 사물의 위치 변화, 작업자의 디지털 이미지 제작 기술 등을 고려해야 한다. 제작자가 확보한 이미지의 개수와 디지털 사용 능력에 따라서 디지털을 사용하지 않은 기존의 영상과는 다른 표현이 가능했다. 이것이 과거 디지털 이미지를 제작하는 과정이다.

디지털을 이용해 제작한 영상은 움직임이 없는 실험 이미지가 대다수였다. 디지털을 이용하는 것은 형태를 중심으로 제작되는 것이다.

우리 사회가 주술 사회를 지나서 지식 사회로 변화되면서, 이미지 사회와 문자의 시대를 거쳐 다시 이미지의 시대로 변화하고 있다. 지금은 다시 돌아온 이미지의 시대 중 '기술적 이미지'의 시대로 변화하고 있다. 빌렘 플루서(Vilém Flusser, 1920~1991)는 기술적 이미지를 '장치를 이용해서 만들어진 이미지'라고 정의했다. 디지털 휴먼은 기술적 이미지로 구분할 수 있다.

컴퓨터라는 장치를 이용해서 만드는 영상은 이성 중심의 디지털 세계에 감성을 포함할 수 있는 세계로 영역 확장을 한다. 이성 중심의 세계는 영상을 만드는 많은 하드웨어를 말한다면, 감성을 포함하는 세계는 이성 중심의 세계를 이용해서 이미지 중심의 가상 세계에 얼마만큼 현실적 모습을 보여 주는 것이냐가 중요한 사유의 조건이 될 수 있다.

영상을 이용한 이미지의 재현은 다양한 영상을 만들기 위해 필요한 필름과 카메라의 노출을 조작하는 일반적인 특수 효과와 컴퓨터를 이용한 특수 효과로 크게 나뉜다. 필름과 카메라 조작, 다양한 물리적인 도구를 이용하는 특수 효과는 폭파나 분장 등 다양한 방법이 있다. 통상 FX(special effects)로 표기를 하며, 컴퓨터를 이용하는 시각 효과(visual effects)와 물리적 효과(physical effects)로 나눌 수 있다.

시각 효과는 '당대의 표준적인 영상 제작 양식을 따를 때 촬영장에서 카메라에 의해 포착되지 않은 시각적 장치'를 말한다. 물리적 효과는 '폭발, 와이어 액션, 총탄 효과 등 촬영과 동시에 촬영장에서 발생하는 기계적 혹은 실제적 특수 효과'로 정의할 수 있다. 이미지의 세계에서 이런 물리적 효과는 문자로 볼 수 있다.

VFX는 컴퓨터라는 하드웨어를 중심으로 다양한 기계와 소프트웨어를 이용해 FX 효과보다 더 좋은 이미지를 만들고 있다. 그런데 여기에 사실적인 효과를 더 첨가하는 기술이 AI다. 디지털 문명의 세계관은 가상 세계에서의 경험을 축적하면서 인류의 사고방식과 생활 방식 변화가 빠르게 다가오는 것이다.

인공지능의 변화

2023년, 과학계 최고 저널인 ≪네이처(Nature)≫에서는 '챗지피티'를 과학계 최고 인물 10인 중 한 명으로 선정했다. 챗지피티는 2022년 11월에 발표된 후 엄청난 관심을 통해 가입자가 1억 명을 돌파했으며, 짧은 시간에 학습되는 양이 어마어마하다는 것이다.

2016년 알파고 이후에도 인공지능의 개발은 계속 이루어지고 있다. 알파고 이전 개발에 소요되었던 시간보다 훨씬 더 짧은 시간에 새로운 인공지능들이 속속 개발되어 발표되고 있다. 특히 오픈에이아이라는 회사에서 인공 신경망을 대폭 키운 지피티(GPT)라는 프로그램을 발표하면서 인공지능은 급변하기 시작했다.

2018년 GPT-1, 2020년에 GPT-3(1750억 개 파라미터)

가 등장했다. 일반인들에게 챗지피티의 등장은 인공지능을 손쉽게 이용해 언제든 즉문즉답이 가능한 것처럼 보였다. 하지만 문제점이 발생했다. 이 인공지능들은 자신의 학습 내용을 그대로 답변으로 내놓았다. 사회적 문제가 있는 답변들도 거침없이 제출한 것이다.

이후 초기 인공지능이 가진 문제점을 해결하면서 사람들은 인공지능을 다양한 목적으로 사용하기 시작했다. 인공지능은 검색의 기능을 넘어서 질문에 즉각적으로 답변을 하므로 일반인들이 검증 없이 사용하기 시작했으며, 특히 학생들은 과제 및 리포트뿐만이 아니라 졸업 논문에도 인공지능의 도움을 받고 있다.

2021년이 되자 오픈에이아이는 문자형 인공지능을 넘어 '달리(DALL-E)'라는 이미지 생성 인공지능 프로그램을 제공했지만 주목받지 못하다가 '달리2'를 발표한 뒤부터 사람들의 관심을 끌기 시작했다. 하지만 해상도는 많이 떨어졌다. 이후 '달리3'로 진화하면서 해상도의 문제는 어느 정도 해결되고 있다.

그리고 2024년에는 '소라(SORA)'를 출시해 동영상 제작이 가능하게 만들었다, 이제 영상을 통한 재현이 인공지능 프로그램을 통해 자연스럽게 구현되게 되었다. 이외에 다양한 인공지능 프로그램을 통해 동영상 제작에

도움이 되고 있다.

이미지의 재현은 플루서의 주장과 같이 텍스트와 이미지 입력으로 선형적 사고와의 이별을 통해 비선형적 사고의 완벽한 등장을 말하고 있다. 진화는 숙명이다. 진화는 지속해서 변화를 보이게 된다. 코로나는 눈앞에 닥친 디지털 환경에 대해 막연한 두려움을 가지던 사람들이 디지털 기기와 디지털 공간을 직접 경험해 봄으로써 새로운 변화를 체험하는 계기가 되었다.

디지털 휴먼은 실제 인간과 구별되지 않을 정도로 자연스러워 사회적인 문제점이 발생하게 되었다. 가짜 뉴스와 딥페이크 등은 제작하는 본인의 기술 자랑과 상대방에 대한 배려가 없는 인격 학습 부족 현상에서 나오는 것이다. 디지털 휴먼이 인공지능 기술로 한 인간을 재현해 그 사람을 타락한 사람으로 만드는 건 쉬운 일이 되었다.

디지털 휴먼과 수용자 간의 자유로운 상호 작용을 위한 기술 개발이 필요하다. 수용자와 자유로운 상호 작용을 위해서는 반복적이며 지속적인 학습을 통해 새로운 정보를 학습하고 적응할 수 있는 인공지능의 능력이 중요하다. 아울러 윤리적으로 프라이버시를 강화해야 한다. 실제 인물의 얼굴과 목소리를 허락 없이 사용하지 않아야 하며, 디지털 휴먼이 가상임을 법적으로 명확히 알려야 한다.

AI의 디지털 휴먼 재현 기술은 혁신적인 변화를 불러올 수 있는 잠재력을 가지고 있다. 빠른 환경의 변화는 디지털 휴먼을 현실감 있게 재현하고 진화하며 새로운 형태의 상호 작용과 경험을 제공하고 있다. 이와 동시에 기술의 윤리적 사용을 보장하기 위해 가짜 뉴스나 사기 등에 디지털 휴먼이 악용되지 않도록 규제와 관리가 필요한 시점이 되었다.

참고문헌

고인석 외(2019). 『인공지능의 윤리학』. 한울아카데미.

구본권(2023). 『메타인지의 힘』. 어크로스.

미셸 푸코(1995). 『이것은 파이프가 아니다』. 민음사.

이정현(2022). VR기술을 활용한 전시공간의 실감콘텐츠 개발 연구. ≪한국디자인리서치≫, 7(3), 9-18쪽.

임홍순(2021). 디지털 시대의 인격권 보호 방안에 관한 연구. ≪차세대융합기술학회논문지≫. 5(6), 1246-1253쪽.

정태섭(2021). 리얼리티 공간과 디지털액터: 〈아바타〉, 〈레디플레이어 원〉을 중심으로. ≪차세대융합기술학회논문지≫, 5(1), 141-148쪽.

정태섭(2022). 디지털 휴먼의 인문적 고찰. ≪차세대융합기술학회논문지≫, 6(9), 17621-1771쪽.

지승도(2015). 『인공지능, 붓다를 꿈꾸다』. 운주사.

진중권(2008). 『디지털 복제 시대의 예술품』. 안그라픽스.

채운(2009). 『재현이란 무엇인가?』. 그린비.

최재붕(2024). 『전혀 다른 세상의 인류 AI 사피엔스』. 쌤앤파커스.
De Botton, A.(2001). *The consolations of philosophy.* Vintage.
정명진 역(2012). 『철학의 위안: 불안한 존재들을 위하여』. 청미래.
Flusser, V.(1996). *Kommunikologie*. Mannheim: Bollmann.
김성재 역(2001). 『코무니콜로기: 코드를 통해 본 커뮤니케이션의 역사와 이론 및 철학』. 커뮤니케이션북스.

03
디지털 휴먼의 몰입감

디지털 휴먼이 수용자에게 이질감이 들지 않도록 몰입감을 느낄 수 있게 하는 것은 외형적인 부분에서 재현하는 대상과 일치하는 정도다. 디지털 휴먼을 영상에 적용할 때 가장 중요한 부분은 눈의 표현이다. 눈은 감정 인식에서 표정 · 몸짓과 더불어 몰입감을 줄 수 있는 중요한 요소가 된다.

디지털 몰입감

일반적인 평면은 가로와 세로만이 존재한다. 가로는 X축이고 세로는 Y축으로 존재하는 공간을 2차원 평면이라고 하는데, Z축이 생기면서 입체감이 존재하게 되었다. 이 입체감을 15세기 초 브루넬레스키(Brunelleschi, 1377～1446)가 발명한 원근법에 적용하면, 단순히 거리에 따라 물체의 크기가 작아지는 것이 아니라 거리에 따라 그림 속의 모든 물체가 지평선 한 점(소실점이라고 함)으로 수렴한다.

기존의 2차원 평면으로 표현되는 이미지들이 3차원으로 표현된다면, 이미지는 평면에 공간을 표현해야 한다. 평면에서 공간을 느낄 수 있는 것을 영상에서는 깊이(depth)라는 용어로 표현했다. 깊이는 평면적인 영상화면에서 수용자들에게 공간감을 느낄 수 있게 하는 것이다. 입체적인 공간을 디지털 평면으로 전환했을 경우 입체적인 면을 어떤 식으로 부각하느냐가 중요하다.

회화는 2차원의 예술이다. 사진이나 영화 등 이미지로 보이는 모든 분야에 적용된다. 하지만 원근법을 통해 3차원으로 표현하는 방법은 사실주의 미술의 시작을 알리는 것이다. 물체를 겹치게 하는 중첩과 함께 공기와 그림자로 물체와의 거리를 충분히 표현한다.

평면으로 보이는 일반적인 영상에서 깊이를 만드는 방법은 다양하다. 특히 그림자는 조명과 함께 사용해 입체 효과를 얻을 수 있다. 하지만 그림자는 입체를 표현하는 역할을 할 뿐이지 공간감이라고 할 수는 없다. 공간감을 표현하는 방법은 평면 화면에서 그림자와 공기, 안개 등 자연의 다양한 요소들이 수용자들에게 공간감을 지각하도록 만드는 것이다.

공간감은 영상이 만들어지기 이전에는 연극이나 미술에 나타나는 입체적인 물체가 평면으로 전환했다. 영상이 만들어지면서 공간의 표현이 변화했다. 입체적 공간이 평면 필름에 들어오면서 입체감이 존재하지 않자, 평면 공간을 입체적인 공간으로 느끼게 하려는 표현 방법 창출에 온 힘을 쏟았다.

인공지능을 이용해 만들어진 공간 표현 기술은 다양한 3D 프로그램 발전을 통해 조명과 카메라 등 공간의 표현 방법이 발전하고 있으며, 공간을 표현하는 프로그램으로 만들어진 이미지는 사실적인 표현이 가능하게 되었다. 다양한 프레임을 통해 존재하지 않는 가상의 공간을 표현할 수 있으며, 이렇게 만들어진 공간은 몰입감이 있는 영상이 된다.

실감형 미디어의 사실성

리얼리티의 강조와 상승을 통해서 몽타주의 무기적 미학이 디지털 이미지 특성인 유기적 미학으로 변화한다. 몽타주의 무기적 미학이 디지털 미디어 변화의 가장 중심에 있으며, 디지털 미디어가 추구하는 리얼리즘 시대는 지속적인 발전을 할 것으로 예상된다. 리얼리즘은 제1차 영상 문화인 아날로그 시대에서 디지털 시대인 제2차 영상 문화 시대를 지나 실감형 미디어 시대인 제3차 영상 문화의 초석이 될 수 있으며, 제3차 영상 문화를 통해서 영상 공간의 사실적 표현은 더욱더 발전할 것이다.

디지털 휴먼의 몰입감은 사용자가 디지털 휴먼과의 상호 작용을 얼마나 자연스럽고 현실감 있게 느끼는지를 의미한다. 현대 미술에서 복제의 자유를 갈망하는 판화와 콜라주(collage: 시각 예술에서 주로 쓰이며 질(質)이 다른 여러 가지 헝겊, 비닐, 타일, 나뭇조각, 종이, 상표 등을 붙여 화면을 구성하는 기법) 작품과 단색화 작품들이 주를 이루게 되었고, 디지털 미디어에서는 점점 더 원본도 사실성도 없는 파생 실재(하이퍼리얼: Hyper real) 모델을 가지고 산출하는 시대로 변화하기 시작했다. 파생 실재는 사실적이고 즉물적으로 묘사된 현실을 말한다.

디지털 미디어의 포스트모더니즘은 형식의 파괴를 통해 무조건적 해체를 선언하면서 해체에 대한 어떤 다른 의미를 강조할 수 없었다. 미디어 아트의 경우에는 해체를 위한 해체가 아닌 구조주의에 입각한 미디어의 발전과 진보적인 기술 발전에 따른 사회적 변화를 수용하고 있기 때문이다.

하이퍼리얼을 표방하는 '하이퍼리얼리즘'은 미국에서 탄생한 미술 사조의 한 분야다. '하이퍼리얼리즘'은 슈퍼리얼리즘 · 포토 리얼리즘 · 래디컬 리얼리즘 · 샤프 포커스 리얼리즘 · 포토아트 등 다양한 이름으로 불리게 된다. '팝 아트(Pop-Art)' 이후 극사실주의 사조의 영향을 받아서 탄생했고, 사진을 이용해 피사체를 캔버스에 옮기는 작업이다.

극사실주의는 팝 아트와 같이 매일 매일의 생활, 즉 우리 눈앞에 항상 있는 이미지의 세계를 반영하고 있지만, 다른 한편으로는 팝 아트와 달리 이미지 재현과 몰입감으로 억제된 것이어서 현상 그대로만 취급한다.

감정이 배제된 상태로 현상 그대로의 모습을 기계적으로 확대한 화면의 효과는 매우 충격적이다. 우리가 맨눈으로 알아낼 수 없는 추악함이나 모발에 가려진 점, 미세한 흉터까지도 드러나 그냥 지나쳐 버릴 수도 있는 너

무나 사실적인 것들이 보는 이로 하여금 잔혹한 인상을 받게 한다.

사실적인 표현은 르네상스 이후 과학의 발전으로 원본과 복제가 동일시되는 시대로 변화했다. 장 보드리야르(Jean Baudrillard, 1929~2007)는 "복제물은 원본을 드러내 준다. 복제물은 원본과 동등한 가치를 지닌다"라고 했다. 플라톤의 이데아인 사물 세계 넘어 다른 곳이 아닌 같은 가치를 가진다고 해석할 수 있다.

존 휘트니(John Whitney, 1917~1995)는 "나의 컴퓨터 프로그램은 피아노와 비슷하다. 나는 평생 그것을 창조적으로 이용하려고 해 왔다"라고 했다. 휘트니는 1961년 컴퓨터를 이용한 최초의 디지털 그래픽 작품인 〈카탈로그(Catalog)〉를 선보였다. 그 당시 그래픽 소재로서는 획기적인 작품으로, 그는 자기 작품이 이렇게 발전하리라고는 상상하지 못했다.

잭 버넘(Jack Burnham, 1931~2019)은 "과학자와 기술자들은 예술가로 변신할 수 없다. 오히려 예술과 기술 사이에서 분열의 한 증후가 보인다. 진보적으로 생각하면, 기술 공학과 과학 정보의 이용에 관한 초감성적 판단과 필요가 글자 그대로 예술이 된다"라고 하였고, 그의 인공지능을 이용한 작품이 예술의 한 분야를 차지하고 있다.

몰입감은 새로운 시도를 할수록 수용자들이 관심을 갖게 되고 매체의 변화는 지속해서 체계적으로 진화하고 있다. 플루서는 디지털 이미지의 체계성을 "이미지 문화에서 문자문화로, 문자 문화와 다시 결별하고 새로운 디지털 이미지가 지배하는 시대로 전환함에 따라 새로운 사유 체계 등장으로 사유의 방식이 이성 중심에서 감성 중심으로 전환되었다"라고 말했다.

이와 같은 이유로 컴퓨터 그래픽의 현실은 기술적 진보에 의한 다양성이 디지털 이미지를 전통적인 미학적 해석이 아니라 새로운 방법을 통해 새롭게 해석해야 한다는 것이다. 다른 방향의 해석을 위한 이미지의 체계성은 인공지능과의 차별적인 요소가 정확하게 구분되어야 한다.

솔 바스(Saul Bass, 1920~1996)는 1959년 엘프리드 히치콕(Alfred J. Hitchcock, 1899~1980)의 영화 〈현기증〉 타이틀 시퀀스를 당시에는 상상도 하지 못한 컴퓨터 그래픽으로 제작함으로써 아날로그 이미지로 영상 타이틀을 제작하던 당대 사람들에게 시대의 변화에 대한 충격을 선사했다.

솔바스의 작품 세계는 그 당시 개념이 아니었다. 우주

선의 우주인이 유영하는 듯한 모습을 컴퓨터로 점과 선만 이용해 영상 타이틀로 제작했다. 점과 선이 움직이는 영상은 이미지의 계열성(이미지의 문맥화) 개념이 존재하게 되었다. 이런 계열성에 관한 부분은 아날로그에서 디지털 이미지로 제작하는 새로운 시도로 여겨질 수 있기 때문이었다.

디지털 이미지의 몰입감을 높이기 위해서는 기술적 · 심리적 · 사회적 요소들이 복합적으로 작용해야 한다. 솔바스의 경우 몰입감을 높이기 위한 장치로 컴퓨터를 사용해 이미지의 계열성이 나타나게 한 것이다. 디지털 이미지의 몰입감을 구현하는 것은 자연스러운 애니메이션과 조명 등 현실감 있는 공간, 그리고 디지털 휴먼의 모델링(modelling)과 매핑(mapping)이다.

매핑은 다양한 방법과 의미가 있지만, 디지털 이미지에서는 모델링과 함께 컴퓨터 프로그램으로 만든 3D 물체에 현실과 같은 이미지를 표면에 적용하는 것이다. 이는 컴퓨터 그래픽 용어로 사용되는 경우이고, 일반적인 의미에서 매핑은 어떤 값을 다른 값에 대응시키는 과정을 말한다.

디지털 휴먼이 수용자에게 이질감이 들지 않도록 몰입감을 느낄 수 있게 하는 것은 외형적인 부분에서 재현하는 대상과 일치하는 정도다. 디지털 휴먼을 영상에 적용할 때 가장 중요한 부분은 눈의 표현이다. 눈은 감정 인식에서 표정 · 몸짓과 더불어 몰입감을 줄 수 있는 중요한 요소가 된다.

또 하나의 몰입 요소

디지털 휴먼의 몰입감을 높여 주는 또 하나의 기술적인 부분은 음성 및 언어 처리다. 인공지능으로 만든 디지털 휴먼이지만 일반적인 미디어 플랫폼에서 보이는 디지털 인플루언서는 목소리가 없다. 하지만 인공지능을 이용해 재현한 디지털 휴먼은 재현하고자 하는 사람의 음성과 유사한 소리를 통해 몰입감을 최대한으로 끌어낼 수 있다. 이미 돌아가신 분 또는 영화에서 필요한 디지털 액터의 경우에는 음성 데이터가 존재하거나 성우를 통해서 음성 자료를 만들 수 있으므로 몰입 요소로서 음성을 사용한다.

디지털 휴먼의 음성은 수용자가 몰입할 수 있는 가장 큰 요소이며 감정의 인식을 외형적인 요소로 적용할 수 있는 것이다. 외형적인 요소로 몰입했다면 이후에는 심리적 요소가 중요한 부분이다. 심리적 요소에서는 신뢰감 형성과 감정적 연결이 중요한 요소다. 외형적인 요소와 심리적인 요소가 균형을 이룬다면 가장 인간다운 모습이 될 것이다.

디지털 휴먼의 신뢰감 형성은 수용자가 신뢰하고 친밀감을 느낄 수 있도록 일관된 캐릭터 디자인으로 일관성 있는 성격과 외모를 유지하는 것이다.

디지털 휴먼은 인간과 유사하며 가짜 뉴스 등에 사용될 수 있기 때문에, 수용자가 필요로 하는 정확한 정보를 신속하게 제공해야 한다.

이를 통해 공감과 경험을 통한 감정적 연결이 가능하며, 감정적 연결은 몰입감을 증대시킬 수 있다. 디지털 휴먼은 사용자의 감정에 공감하고 적절히 반응함으로써 감정적 연결을 강화한다.

참고문헌

권중운(1994). 『뉴미디어 영상미학』. 민음사.

임홍순(2021). 디지털 시대의 인격권 보호 방안에 관한 연구. ≪차세대융합기술학회논문지≫. 5(6), 1246-1253쪽.

지승도(2015). 『인공지능, 붓다를 꿈꾸다』. 운주사.

정태섭(2007). 디지털 영상 환경에서 Hyperrealism 접근을 위한 Animatronics 사용에 관한 연구. ≪디지털 디자인학연구≫, 7(4), 425-433쪽.

정태섭(2021). 리얼리티 공간과 디지털액터: 〈아바타〉, 〈레디플레이어 원〉을 중심으로.

≪차세대융합기술학회논문지≫, 5(1), 141-148쪽.
정태섭(2022). 디지털 휴먼의 인문적 고찰.
≪차세대융합기술학회논문지≫, 6(9), 17621-1771쪽.
최재붕(2024). 『전혀 다른 세상의 인류 AI 사피엔스』. 쌤앤파커스.
Flusser, V.(1987). *Die schrift: Hat schreiben zukunft?.* 윤종석 역(1998). 『디지털 시대의 글쓰기: 글쓰기에 미래는 있는가』. 문예출판사.

04

AI의 현실 모방

시뮬라크라와 시뮬라시옹은 실제로 없는 것을 있는 것처럼 만드는 인공의 모든 것을 말하는데, 시뮬라크라의 동사가 시뮬라시옹이다. 즉, 행위와 실재의 모든 것이 더 실재처럼 보이게 된다는 개념이다. 현실의 미술 작품들이 디지털화되는 순간 그 모든 데이터가 0과 1로 표현되는 이미지로 바뀌게 되는 것을 말한다.

현실 모방

현실 모방을 보드리야르의 가상이면서도 실재보다 더 실재적인 그것을 말하는 '시뮬라시옹'으로 볼 수 있다. 〈매트릭스〉의 한 장면에 '시뮬라시옹 & 시뮬라크라'가 적힌 책이 등장한다. 인공지능의 현실 모방, 특히 디지털 휴먼과 가상 현실은 기술적 진보와 더불어 다양한 응용 분야에서 현실의 많은 가능성을 열어 주고 있다.

시뮬라크라와 시뮬라시옹은 실제로 없는 것을 있는 것처럼 만드는 인공의 모든 것을 말하는데, 시뮬라크라의 동사가 시뮬라시옹이다. 즉, 가상인 행위와 실재의 모든 것이 더 실재처럼 보이게 된다는 개념이다. 현실의 미술 작품들이 디지털화되면 작품은 현실과의 경험 경계를 불분명하게 만들며 가상과 현실의 구분이 모호해지는 것을 말한다.

그러나 이러한 기술은 기술적 · 윤리적 · 사회적 문제를 동반한다. AI가 현실을 모방하는 방법과 이에 따른 장점, 문제점과 유사성이 존재한다. 가장 중요한 현실 모방 방법은 몰입과 재현에서도 언급되는 고품질의 그래픽스다.

현실 모방에서 가장 좋은 영향을 받는 곳은 엔터테인먼트 분야일 것이다. 전 세계의 공연장에 무대가 있다.

그 공연장에는 관중이 가득하다. 한국에서 공연하는 영상을 실시간 중계 형식으로 송출하고 있다. 무대에는 아이돌과 꼭 닮은 디지털 휴먼이 움직이고 있다. 아이돌의 춤 동작을 모션 캡처를 이용한다면 디지털 휴먼이 공연하는 실감 미디어로서 발전할 것이다.

현실 모방을 통한 무대와 무대 위에서 공연하는 아이돌 데이터를 통해 많은 공연 비용을 절약할 수 있다. 주 무대는 한국에서 진행되고, 각 나라에 있는 공연장에는 디지털 휴먼이 움직이면서 내가 좋아하는 연예인의 목소리가 흘러나온다. 이런 기획은 연예인의 팬이 사용하는 비용을 줄여 줄 수 있으면서도 연예 기획사 입장에서는 연예인의 일정 조정 및 이동에 따른 엄청난 부대비용과 시간, 인력 등을 절약할 수 있다.

디지털화 데이터는 개인화된 서비스에도 이용할 수 있다. 즉, 인터렉티브가 가능한 조건으로도 변화될 것이다. 개인 미디어가 활성화된다면 맞춤형 응답이 가능하게 된다. 사용자의 선호와 이력에 기반해 개인화된 서비스를 제공할 수 있다, 인공지능의 가장 큰 장점은 지속적 학습이다. 사용자와의 상호 작용을 통해 지속해서 학습하고 개선하게 된다.

실감 미디어는 인공지능과 디지털 휴먼을 통해 최대

한 사실적으로 보이게끔 현실 모방을 해야 한다. 미술에서도 가장 큰 변화를 보인 화풍은 '인상파'다. 산업 혁명을 통해 인간의 모습은 급변하게 되었다. 기술과 과학이 문명의 발전을 이루게 되었고, 기술 발전을 통해 사진이 탄생하면서 미술의 화풍과 표현 방법이 변화하게 되었다. 이제 디지털의 세계다.

디지털 휴먼 제작

3D 모델과 프로그램의 발전은 1995년을 기점으로 나뉠 수 있다. '윈도 95(Window 95)'라는 프로그램을 통해 PC의 운영 방식이 바뀌면서 3D 프로그램의 접근성이 쉬워졌다. DOS라는 언어 기반에서 사용된 프로그램이 그래픽 운영으로 바뀌고, 이미지를 적용하는 매핑이 쉬워졌으며, 최고급 장비에서 사용되는 프로그램의 구조와 사용이 편리하게 변화되었다.

디지털 휴먼은 실제 사람과 유사한 외모를 구현하기 위해 고해상도 이미지와 3D 모델을 생성하고 적용해야 한다. 움직임을 제어하고 동작을 정하기 위해 많이 사용하는 기술은 전 운동학(forward kinematics), 역 운동학(inverse kinematics), 모션 캡처(motion capture), 모션 다이내믹스(motion dynamics), 절차적 모션(procedural motion) 등이 있다.

다양한 모션에는 캐릭터의 자연스러운 움직임에 유의해야 하는 부분들이 존재한다. 모션 캡처는 일반 배우들에게 마커를 부착한 뒤 관절의 움직임을 기준으로 연결해 뼈대를 심기 위한 작업이며, 모션 다이내믹스는 물리적인 동작을 통해 특정한 규칙과 절차를 만들어 놓고 규칙에 따라서 물체의 움직임을 제어하는 방법이다.

모션 캡처와 퍼포먼스 캡처를 통해 이미 만들어진 디지털 휴먼의 움직임과 미세한 얼굴 근육 움직임을 자연스럽게 표현할 수 있게 되었다. 특히 퍼포먼스 캡쳐는 미세하게 움직이는 얼굴 근육과 눈동자의 움직임을 통해 감정 전달을 하기 위한 것이며, 모션 캡처는 디지털 휴먼의 정확한 움직임을 제어하기 위해 인형의 뼈대를 만들어 주어야 한다. 디지털 휴먼의 사실적인 움직임을 위해서 꼭 필요한 부분이다.

디지털 휴먼 음성

여기에 언어의 이해, 즉 자연어 처리가 요구된다. 사용자의 언어를 이해하고 의미를 파악해 적절한 반응을 끌어내려면 음성 합성 기술로 자연스럽고 감정이 담긴 음성을 생성해 인간과의 대화처럼 느껴지도록 해야 한다.

이 모든 것이 적용된다면 디지털 휴먼의 감정 인식과 표현에서 더욱더 현실적이면 상호 작용이 가능하게 된다.

디지털 휴먼은 표정 인식을 통해 사용자의 표정과 감정을 인식해 반응하게 된다. 디지털 휴먼의 현실 모방은 외형과 함께 감성과 감정 표현이 수용자에게 다가가야 한다. 디지털 휴먼의 외모를 이미지 매핑을 이용해 친숙한 모습으로 제시하는 것은 많은 데이터와 이미지를 이용한 인공지능의 결과다. 여기에 다양한 감정을 표정과 목소리로 표현해 더 인간적인 상호 작용을 하게 된다.

인공지능은 기계 학습 및 딥러닝을 통해 데이터 분석이 가능하다. 일반 사람의 움직임과 음성, 버릇 등을 포함한 대량의 데이터를 분석해 패턴을 만들고 학습한다. 디지털 휴먼은 지속적인 상호 작용을 통해 강화 학습을 하며, 점점 더 인간과 유사한 행동을 취하도록 진화한다.

디지털 휴먼의 현실 모방은 사이버 스페이스의 발달을 통해 많은 장단점을 가지고 있다. 우리는 이미 경험했었다. 인공지능을 통한 디지털 휴먼의 현실 모방에 관한 중요한 장점은 효율성 증대와 개인화된 서비스, 위험 감소로 볼 수 있다. 이는 디지털에 관한 막연함에서 벗어나 경험을 통해 효율성이 있다는 것을 알 수 있었다.

효율성 증대는 가용성과 비용 절감이다. 디지털 휴먼

은 시간과 장소에 구애받지 않고 언제든지 사용할 수 있다. 다만, 현실의 모방이 완전한 복제가 되어서는 많은 문제를 일으킬 수 있다. 현실 모방은 나를 대신할 아바타를 이용하는 것이지만, 긍정적인 부분으로 사용해야 할 것이다.

정체성

현실 모방의 가장 큰 문제점은 정체성의 혼란이다. 가짜와 진짜는 구분이 되지만, 순간적으로 보았을 때 디지털 휴먼이 실제 사람과 너무 유사할 경우에 사용자는 가상과 현실을 구분하기 어려울 수 있다. 연예인들의 모습을 성인물에 접합한다면 아주 큰 문제가 생긴다. 이는 투명성 부족으로 디지털 휴먼이 가상임을 명확히 밝히지 않으면 신뢰성 문제가 발생할 수 있다.

정체성 혼란과 함께 윤리적 문제는 빠른 시간 안에 법률적으로 해결해야 하는 문제다. 디지털 휴먼이 사용자 데이터를 과도하게 수집하거나 오용할 가능성이 생기는데, 인공지능은 네트워크에 연결되어 있기 때문에 SNS에 올린 사진이 자신도 모르게 조작될 가능성이 생긴다.

디지털 휴먼과의 상호 작용이 증가함에 따라 인간 간의 직접적인 상호 작용이 줄어들 수 있다. 혼자만의 시간이 더 많아진 시점에서 인공지능과 디지털 휴먼을 자신과 연결된 것으로 생각할 수 있다. 이런 문제로 기대 왜곡이 일어나면서 디지털 휴먼의 완벽한 외모와 행동이 현실적인 기대를 왜곡할 수 있다.

인공지능이 수집하고 재사용하는 데이터 사용 명시가 의무화되어야 하며, 자료 수집과 사용에 대한 명확한 정책을 제시하고 사용자의 동의를 받아야 한다. 이를 통해 윤리적 기준이 마련되고, 윤리적 기준을 준수하는 윤리적 AI 개발이 이루어져야 한다.

디지털 휴먼의 윤리적인 문제나 상호 작용을 위한 것은 변화되는 시대에 따른 사회적 교육이 이루어져야 한다. 특히 디지털 리터러시 교육의 필요성이 많이 강조되는 시점이다. 사용자에게 디지털 휴먼과의 상호 작용에 대한 교육을 제공해 가상과 현실을 구분할 수 있도록 해야 한다. 디지털 휴먼과의 상호 작용이 인간 간의 직접적인 상호 작용을 대체하지 않도록 해야 한다.

참고문헌

이준엽(2001). 『월간 3D Artisan』. 아티산 엔터프라이즈.

이천주(2006). 『3ds max 로 만드는 3D 캐릭터 애니메이션』. 한빛미디어.

지승도(2015). 『인공지능, 붓다를 꿈꾸다』. 운주사.

진중권(2014). 『이미지 인문학』1·2. 천년의상상.
정태섭(2021). 리얼리티 공간과 디지털액터: 〈아바타〉, 〈레디플레이어 원〉을 중심으로. ≪차세대융합기술학회논문지≫, 5(1), 141-148쪽.
정태섭(2022). 디지털 휴먼의 인문적 고찰. ≪차세대융합기술학회논문지≫, 6(9), 17621-1771쪽.
최재붕(2024). 『전혀 다른 세상의 인류 AI 사피엔스』. 쌤앤파커스.
Baudrillard, J.(1981). *Simulacra and simulation*. 하태완 역(1992). 『시뮬라시옹: 포스트모던 사회문화론』. 민음사.

05
공연·전시와 디지털 휴먼

디지털 공간에서는 엄청난 변화가 일어날 수 있으며, 수용자에게 다양한 변화를 전달할 수 있다. 혼자만의 공간이나 다양한 사람들이 모이는 공간, 카페 등의 공간은 중요한 것이 아니게 된다. 이미지의 특성에 따라 VR 등 MR(mixed reality) 공간에서 주된 메인 공간을 다양하게 재현할 수 있으며, 몰입도가 상승하는 효과를 얻는다.

디지털 휴먼과 공연

공연 · 전시에서는 새로운 기술과 접목하는 과정이 꾸준히 연구되었다. 새로운 시도를 통해 무대 예술의 한 장르인 무대 디자인의 새로운 기획을 이용하고 있다. 온라인 디지털 공연은 새로운 시장을 창출함과 동시에 콘텐츠의 실행을 통해 인공지능과 증강 현실 등 현실 모방의 가장 큰 실험대이기도 하다.

이를 위해 디지털 리얼리티는 인공지능과 결합을 통해 예술과 기술의 경계를 허물고 새로운 경험을 창출할 수 있는 것이다. 인공지능을 이용해 구축된 디지털 리얼리티는 증강 현실(AR), 가상 현실(VR), 혼합 현실(MR) 등을 포함하며, 공연 예술과 전시 공간에서 관객에게 몰입감 있는 경험을 제공한다.

이 결합은 예술 표현의 범위를 확장하고, 관객과의 상호 작용을 극대화하며, 전통적인 예술 형식을 혁신적으로 변모시키고 있다. 또한 디지털 뮤지션 아바타의 등장은 사라졌던 디지털 휴먼의 또 다른 장르로 성공할 수 있는 사례가 될 것이라 예견되는데, 가상 공간에서 음악의 가능성을 새롭게 상상하는 디지털 휴먼을 이용해 놀라운 프레젠테이션을 선보이게 될 것이다.

가상 현실 공연

가상 현실 공연은 예술가의 몰입형 공연으로 제작할 수 있으며, 지금까지 사용할 수 없거나 사용상 제약이 있었던 특수 효과를 마음껏 사용할 수 있다. 음악과 퍼포먼스를 제외한 모든 것이 가상의 공간으로, 예술가들은 VR 기술을 이용해 가상 공간에서 공연을 펼치고 관객들은 VR 헤드셋을 통해 공연에 몰입할 수 있다.

이는 실제 공연장에 가지 않아도 세계 어느 곳에서나 관람이 가능하게 된다. 예전에도 이미 우리나라 K-POP 그룹의 공연을 공연장이 아닌 극장에서 동시에 볼 수 있었다. 이 부분이 앞서 논한 리얼리티 부분에서 새롭고 혁신적인 방식으로 관객과 소통하고 창의적 도전을 추구하는 예술가에게는 좋은 일이 될 수 있다.

대부분의 콘서트는 현실의 제약을 받지만, 가상 콘서트는 예술가가 원하는 대로 구현할 수 있어서 팬에게 선보일 경험을 마음대로 만들고 현실에서 가능한 것보다 훨씬 환상적인 콘셉트를 구현할 수 있다. 인터랙티브 스토리텔링도 가능한 것이다.

VR의 경우에는 수용자로서 하드웨어적으로 장비의 추가가 이루어진다. 이는 현실성을 유지하기 위함이다. 현실에서도 충분히 있을 법한 것부터 시작해야 팬들이 몰입하고 경험을 받아들이게 된다. 현실적인 요소로 팬들의 이목을 끌고 난 후, 환상적인 요소를 쌓아 올린다. 현실적인 부분이 탄탄할수록 환상적인 부분에서 더욱 몰입감이 높아지는 것이다.

매체의 변화

공연은 다양한 분야다. 공연 중에서도 연극과 뮤지컬보다는 엔터테인먼트 산업의 기술 접목이 가장 빠르게 진행되고 있다. 이는 영화 제작의 방법을 무대에 그대로 옮기고 있기 때문이다. 일단 공연에서도 하이퍼리얼을 위해 고해상도 카메라로 아티스트의 몸과 얼굴을 정밀하게 캡처한다. 특히 얼굴과 목, 어깨의 데이터를 섬세하게 데이터로 만들어야 한다.

레오나르도 다빈치가 그림을 그리기 위해 근육과 표정을 스케치하고 연구했듯이 모든 데이터를 철저하게 기록해야 한다. 또한 생체학적 위치를 기록함으로써 리얼타임 움직임과 세세한 버릇까지 하이퍼리얼 데이터로 자료화해야 한다. 이후 의상과 헤어, 액세서리까지 스타일화하면 다양한 콘텐츠를 갖춘 디지털 휴먼이 등장하게 된다.

심혜련은 『사이버스페이스 시대의 미학: 새로운 아름

다움이 세상을 지배한다』(2006)에서 "이미지의 공간 특성이 바뀌는 것이, 매체가 바뀌면 이미지의 특성과 수용 방식도 바뀌고 이미지가 재현하는 공간의 특성 또한 바뀐다"라고 했다. 콘서트에서는 기존의 공간이 존재하지 않는다. 위치와 공간 특성에 따라 변화가 심할 수 있다.

하지만 디지털 공간에서는 엄청난 변화가 일어날 수 있으며, 수용자에게 다양한 변화를 전달할 수 있다. 혼자만의 공간이나 다양한 사람들이 모이는 공간, 카페 등의 공간은 중요한 것이 아니게 된다. 이미지의 특성에 따라 VR 등 MR(mixed reality) 공간에서 주된 메인 공간을 다양하게 재현할 수 있으며, 몰입도가 상승하는 효과를 얻는다.

기존의 영상에서는 하나의 프레임 안에 공간 속 화면 구성의 다양한 질서를 통해 생성된 면들이 적절한 크기의 미적 요소의 면을 만들고 있다. 미적 요소의 면은 선을 통한 다양한 크기의 프레임이라는 구성을 통해 만든 결과다. 선을 이용해 만들어진 이미지의 외곽 형태로 구성된 도형의 면을 채운 것이다.

일반적인 화면을 구성하는 프레임의 의미는 우리가 매체를 통해 볼 수 있는 공간이다. 프레임 안의 이미지는 화가가 선, 형, 색채 등 시지각적인 결과로 나타나는 2차원적 매개물, 즉 화면의 조건에 의해 나타날 수 있다.

면을 모은 형태는 명암과 색을 활용한 종합적인 시각 효과를 이용해서 만들어진 이미지의 의미 전달 도구로 볼 수 있다.

전시

전시는 공연과는 다르게 가상 현실과 증강 현실 모두 사용할 수 있다. 또한 관람자와 디지털 휴먼의 실시간 상호작용을 통해 혼합 현실과 공간의 제약은 문제가 안 된다. 혼합 현실은 확장된 전시 공간으로, AR 기술을 통해 전시 공간을 확장할 수 있으며 이를 위해 실제 전시 공간에서 관람자에게 디지털 도구들을 제공한다. 미술관에서 작품에 대한 추가 정보를 AR로 제공하거나, 작품 위에 디지털 이미지를 겹쳐서 새로운 해석을 제시할 수 있다.

게임에서와 같이 전시관은 정해진 규격이 있다. 공연이나 연극과는 다른 모습이다. 지금까지 전시 작품에 대한 설명은 텍스트 중심으로 진행됐지만, 디지털 휴먼을 사용한다면 작가 자신이 직접 설명해 주는 것과 같을 것이다. 관객이 스마트 폰이나 태블릿을 사용해 전시물과 상호 작용할 수 있는 콘텐츠를 제공함으로써, 전시 경험을 보다 흥미롭고 교육적으로 만들 수 있다.

미술품 전시에서는 인공지능을 이용하면 일반인들에게 의미를 전달하기 좋고 작품 해석에 도움을 주기 쉬운 미술 사조가 있다. 바로 초현실주의 작품들이다. 초현실주의 작가들의 작품은 그래픽으로 변환하기 쉽다. 그리고 디지털 휴먼보다는 디지털 오브제가 중요한 소재가 된다. 미국 플로리다주의 달리 미술관에서는 2016년 1월에 VR 체험 서비스를 시행했다.

우리나라에서는 2023년부터 미디어 아트 기반의 상업용 전시관 '아르떼 뮤지엄'이 제주 · 강릉 · 여수에 개관했다. 인공지능을 이용한 첨단 기술 기반의 테마 파크다. 팬데믹을 거치면서는 가상 현실 및 디지털 공간과 디지털 휴먼 활용이 일상화되었으며, 몰입형 미디어 전시는 물론이고 스크린 골프와 야구 등 미디어 스포츠 활용이 대중화되었다.

전시에서 인공지능과 디지털 휴먼을 사용함으로써 몰입감 증대, 창의성 확대, 접근성 향상을 꾀할 수 있다. 몰입감 증대는 디지털 리얼리티 기술을 이용해 관객에게 더욱 몰입감 있는 경험을 제공한다. 현실과 가상의 경계를 허물어 새로운 차원의 예술적 체험을 가능하게 한다.

예술가들은 항상 창의성 확대를 고민한다. 재료 · 표현 방법 · 색상 등 다양한 소재에 대한 고민은 창작자로서 항상 고민하는 문제다. 문제 해결의 한 방법으로 디지털 리얼리티를 통해 기존의 물리적 제약을 넘어선 확대된 창의적 표현이 가능해진다. 이는 예술적 실험과 혁신을 촉진하는 계기가 된다.

디지털 기술을 통해 시간과 장소에 구애받지 않고 공연과 전시를 즐길 수 있다. 이는 더 많은 관객에게 예술에 접근할 수 있는 기회를 제공한다. 하지만 기술 의존성이 높아지는 경향이 있다. 디지털 리얼리티 기술은 고가의 장비와 소프트웨어가 필요하며, 이는 예술가와 수용자의 재정적 부담을 줄 수 있다.

가장 큰 문제는 기술적 결함이나 오류가 발생할 경우, 공연이나 전시의 품질에 큰 영향을 미칠 수 있다는 점이다. 디지털 휴먼이 전시물 해설사의 역할을 하는 경우가 있는데, 수용자들에게 이미 리얼리티를 통해 접근했지만 기술적 오류로 인해 신뢰가 깨지는 경우가 생길 수 있다. 인공지능의 오류를 아직은 허용하기 힘들 수 있다.

또한, 재정적 부담으로 인한 접근성의 격차가 생길 수 있다. 고가의 VR 헤드셋이나 최신 스마트 기기가 있어야 하는 디지털 리얼리티 콘텐츠는 일부 관객에게 아직은 접근성이 제한될 수 있다. 예술적 경험의 변질도 생길 수 있다. 예술의 인간적이고 감정적인 측면이 디지털 요소에 의해 해석될 수 있다. 이를 접근성의 격차라고 할 수 있다.

인공지능과 디지털 휴먼은 언제나 기술과 예술적 표현의 도구로 활용되어야 한다. 기술과 예술의 균형을 위해 기술 자체가 목적이 되지 않도록 주의해야 한다. 예술적 의도를 분명히 하고, 기술이 이를 보완하는 역할이 되어야 한다. 하지만 국내에서는 예술적 의도보다는 기술을 더 중요하게 생각하는 경향이 있다.

참고문헌

심혜련(2006). 『사이버스페이스 시대의 미학: 새로운 아름다움이 세상을 지배한다』. 살림.

정태섭(2015). 『디지털 액터』, 커뮤니케이션북스.

최재붕(2024). 『전혀 다른 세상의 인류 AI 사피엔스』. 쌤앤파커스.

Arnheim, R.(1954). *Art and visual perception.* 김춘일 역(2003). 『미술과 시지각』. 미진사.

Flusser, V.(1993). *Lob der oberflächlichkeit: Für eine phänomenologie der medien.* 김성재 역(2004). 『피상성예찬: 매체 현상학을 위하여』. 커뮤니케이션북스.

Samira, E. O., & Friedemann, K.(2021). *Erzählende affen: Mythen, lügen, utopien wie geschichten unser leben bestimmen.* 김현정 역(2023). 『세상은 이야기로 만들어졌다: 신화·거짓말·유토피아』. 원더박스.

06
인공지능과 디지털 리얼리티

컴퓨터로 진행되는 일방적인 창조 작업은 생명력이 부족한 경우가 많다. 리얼리즘은 장르에 의해 다양하게 구분될 수 있다. 주관을 극도로 배제하고 중립적 입장에서 사진처럼 극명한 화면을 구성하는 것이다. 영상의 리얼리티는 디지털 기술을 이용해 현실감을 가장 극대화할 수 있는 표현 방법이라고 할 수 있다.

포토 리얼리즘

미술에서 캔버스에 물감을 이용해 구현하는 정교한 이미지의 화풍을 하이퍼리얼리즘(극사실주의)이라고 한다. 극사실주의는 작가의 생각이나 개성을 포함하면 안 된다는 점에서 현대 미술의 패러다임과 정면으로 배치된다. 현대 미술의 패러다임은 산업 혁명, 즉 인상주의 이후 기존에는 없던 새로운 시도를 하는 것에 있다.

이미 남들이 했던 것을 따라 하는 것은 경제적인 이득을 추구하는 상업 예술의 영역과 사진 · 영상 등에서 이루어진다. 하이퍼리얼은 컴퓨터 그래픽스, 머신러닝, 딥러닝 등의 기술이 결합해 매우 현실감 있고 정교한 가상 이미지를 생성한다. 하이퍼리얼은 영화, 게임, 가상 현실, 증강 현실, 디지털 아트 등 다양한 분야에서 활용되고 있다.

극사실주의는 종래의 추상 미술과 사진 자체에 대한 아이러니한 표현이라고도 할 수 있다. 같은 시기 독일을 비롯한 유럽 각지에서 시도된 비슷한 경향의 미술을 포함하는 때도 있다. 하이퍼리얼 화풍은 극도의 인내심을 요구하는 작업이라 정신적 · 육체적 고통을 수반한다.

기존의 매체는 아날로그에서 디지털로 빠르게 변화하고 있어 다양한 시선으로 보는 것이 가능해졌고, 진일보한 새로운 매체로 탄생하고 있다. 플루서는 디지털 이미지의 체계성에 대해 "카오스로의 전환과 비선형과 복합성의 등장을 의미한다"라고 했다.

"컴퓨터를 이용한 영화가 예술성으로 가치를 인정받을 수 있을까?"라는 물음이 나올 수 있다. 현실을 철저히 반영한 리얼리티만 주목받을 수 있을 것이다.

영상을 제작하면서 모든 장면을 컴퓨터 그래픽으로 만든다면, 그 영화는 어느 장르로 구분할 수 있을까? 장르를 구분하는 기준은 무엇일까? 컴퓨터 그래픽 영상 장르는 영상이라는 거대한 담론의 기준으로 볼 때 영화와 애니메이션 외의 모든 장르에 속할 수 없다. 하지만 역설적으로 영화의 범주에도, 애니메이션의 범주에도 들 수 있다. 장편 만화 영화라는 타이틀이 붙은 것을 우리는 극장에서 볼 수 있다.

영상에서 하이퍼리얼은 미술사의 하이퍼리얼리즘과 다르다. 미술 사조의 하이퍼리얼리즘은 세밀한 묘사, 미술적 리얼리즘 등 어느 시대에나 존재했던 극단적인 사실주의의 하나로 간주하지만, 영상의 하이퍼리얼은 사실적 표현의 수단이다. 영상의 근본적인 부분은 스틸 사진이 기본이다. 스틸 사진이 여러 개 연속적으로 모여 하나의 영상물을 이루고 있기 때문이다.

포토 리얼리즘의 측면에서 보면 영상의 하이퍼리얼 추구는 사실적인 표현을 이루어 내는 것이 최대의 관건이다. 사실적인 추구는 컴퓨터 그래픽의 발전을 통해 아주 짧은 시간에 이루어졌다. 이는 컴퓨터 하드웨어의 발전 속도와 일치하고 있으며, 그래픽 소프트웨어의 진보로 다양한 도구가 개발되고 있다.

문화 다변화는 이미지 문화에서 문자 문화로, 문자 문화와 다시 결별하고 새로운 디지털 이미지가 지배하는 시대로 전환함에 따라 새로운 사유 체계가 등장했고, 이와 더불어 지배적 감각 기관이 귀에서 눈으로 그리고 다시 복합 감각 기관으로, 또 사유의 방식이 이성 중심에서 감성 중심으로 전환되었다.

미디어 리얼리티

영상의 리얼리티는 컴퓨터 그래픽의 발전에 따라 다양하게 발전했으나, 컴퓨터 그래픽뿐만이 아니라 미니어처 등 다양한 시각 특수 효과를 담당하며 굴지의 회사로 발전하는 컴퓨터 그래픽 회사들이 나타났다. 영상 그래픽이 하드웨어의 발전적 문제와 소프트웨어의 기술적 문제로 말미암아 일반적인 생각과는 다른 방향으로 가고 있었다.

디지털을 이용하는 새로운 세대들은 디지털 콘텐츠 및 기기의 보급과 인터넷을 통한 그동안의 경험을 바탕으로 지금까지의 영상보다 수준과 질이 높은 영상을 요구하게 된다. 디지털 시대로의 변화는 디지털 산업에서 영상의 양(quantity)보다는 질(quality)이 중요시되는 패러다임의 변화를 보인다.

디지털을 이용한 영상의 변화는 현실을 압도하는 영상을 구현해야 하므로 잠재된 디지털 기술을 최대한 끌어내야 하며, 이는 디지털 영상 산업의 최대 과제이기도 하다. 디지털 영상 그래픽은 하이퍼리얼리즘 추구를 통해 최종 결과물에 대한 것을 좀 더 자세히 봄으로서 오류를 막고자 함이 있다.

이런 하이퍼리얼리즘을 추구하는 디지털 영상을 수용자도 원하게 된다. 물론 디지털 영상의 제작 조건에서 컴퓨터 안에서는 공간 표현의 자연적 조건이 배제된 상태이기 때문에 보다 깨끗한 화면을 얻을 수 있다는 것이 하이퍼리얼리즘 추구의 장점으로 작용하고 있다.

컴퓨터로 진행하는 일방적인 창조 작업은 생명력이 부족한 경우가 많다. 리얼리즘은 장르에 의해 다양하게 구분될 수 있다. 주관을 극도로 배제하고 중립적 입장에서 사진처럼 극명한 화면을 구성하는 것이다. 영상의 리얼리티는 디지털 기술을 이용해 현실감을 가장 극대화할 수 있는 표현 방법이다.

코로나는 전 세계적으로 문제를 일으켰다. 하지만 디지털과 미디어를 포함한 다양한 분야에서 우리가 생각하는 것과 다른 방향으로 흘러갔다. 이전까지는 말로만 부르짖던 재택근무와 온라인 회의 등 다양한 분야에서 급속도의 발전과 변화가 아무런 부작용 없이 적용되었다는 것이다. 코로나 이전의 시대에서는 디자인 콘셉트로 제시되었던 것들이 실현되고 있다.

전시 분야에서도 변화는 두드러졌다. 뮤직비디오 감독으로서, 때로는 인터랙티브 아티스트로서 크리스 밀크(Chris Milk, 1975~)는 자기 작품에서 디지털 감성을 제시했다. 〈에드몽 드 벨라미(Edmond de Belamy)의 초상화〉는 AI가 그린 초상화로, 크리스티 경매에서 45만 달러라는 낙찰가로 화제가 된 이후에도 AI의 예술성에 대한 다양한 평가가 엇갈리면서 세계 각국에 AI 창작물에 관한 관심을 불러일으켰다. 이 초상화는 화가의 사인이 아닌 복잡한 수학 공식이 적혀 있다.

예술적인 창의성을 선보이기 위해 계속해서 발전한 AI 예술은 인간이 선택한 학습 데이터를 학습할 뿐이지 스스로 창의성으로 볼 수 없다는 논쟁이 이어지고 있다.

그러나 AI가 창작 활동으로 그린 그림이 세계적인 미술품 경매에서 높은 가격에 거래되는 역사적인 사건을 통해 예술 시장의 변화를 엿볼 수 있었다.

인공지능 디지털 휴먼은 AI 기술을 활용해 디지털로 재현된 아티스트가 직접 전시장에서 관객과 상호 작용하며 작품에 대한 설명을 제공하는 역할을 한다. 작품에 관한 데이터를 집중적으로 저장해 작가 스스로가 자기 작품에 큐레이터로서 설명하는 것이다. 이는 현대 미술을 이해시키는 작업으로, 예술 창작의 새로운 가능성을 열어 준다.

디지털 휴먼은 실제 사람처럼 보이고 행동하여 관객에게 더욱 몰입감 있는 경험을 제공한다. 현실에서 불가능한 표현을 인공지능 학습을 통해 가능하게 하여, 예술가들이 새로운 창의적인 시도를 할 수 있다. 이는 예술의 범위를 확장하고, 다양한 형식을 실험할 수 있게 한다. 디지털 휴먼을 활용한 공연과 전시는 시간과 장소에 구애받지 않고 진행될 수 있다.

디지털 휴먼을 구현하기 위해서는 기술적 장벽이 높아 고가의 장비와 전문 지식이 필요하다. 이는 예술가와 기관에 큰 부담이 될 수 있으며, 기술적 결함이나 오류가 발생할 경우에는 공연이나 전시 품질에 큰 영향을 미칠 수 있다. 아울러 기술적 문제로 인한 디지털 휴먼과의 상호 작용이 인간 간의 직접적인 상호 작용을 대체할 위험이 있다.

디지털 휴먼의 외모와 행동이 현실적인 사람과 구분이 어려우면 관객에게 혼란을 줄 수 있다. 진짜와 가상의 경계를 명확히 해야만 윤리적 문제가 일어날 수 없다. 디지털 휴먼이 실제 사람의 역할을 대체하면서, 예술가들의 일자리가 줄어들 수 있다는 우려도 있다. 새로운 매체로서 창작의 노동을 덜지만 주객이 전도되는 일이 발생할 수도 있는 것이다.

이런 다양한 문제에 관한 해결 방안으로는 기술과 예술의 균형이 중요하다. 디지털 휴먼을 예술적 표현의 도구로 활용하되, 기술 자체가 목적이 되지 않도록 주의해야 한다. 예술적 의도를 분명히 하고, 기술이 이를 보완하는 역할을 하도록 해야 한다. 특히 사이버 공간에서의 전시물은 그럴듯한 이미지가 되어서는 안 된다.

디지털 휴먼을 활용할 때 윤리적 기준을 준수하며, 관객에게 이를 명확히 알려야 한다. 가상임을 명확히 밝히고, 데이터 사용에 대한 명확한 정책을 제시해야 한다. 디지털 휴먼과의 상호 작용에 대한 사회적 교육을 통해, 관객이 가상과 현실을 구분할 수 있도록 도와야 한다. 이는 디지털 리터러시를 향상하는 데 이바지한다.

공연 · 전시와 디지털 휴먼의 결합은 예술 경험의 새로운 가능성을 열어 주며, 관객에게 몰입감 있고 혁신적인 체험을 제공한다. 그러나 기술적 · 윤리적 · 사회적 문제를 고려하고 해결하려는 노력이 필요하다. 이를 통해 디지털 휴먼이 예술의 창의성과 다양성을 더욱 풍부하게 만들 수 있을 것이다.

참고문헌

김건(2006). 『디지털시대의 영화산업』. 삼성경제연구소.

김호(2007.4.13). 최효순 … 하이퍼 리얼리즘 화풍의 선구자. http://blog.naver.com/ahddnwhtpqzl?Redirect=Log&logNo=120036770068

심혜련(2006). 『사이버스페이스 시대의 미학: 새로운 아름다움이 세상을 지배한다』. 살림.

최재붕(2024). 『전혀 다른 세상의 인류 AI 사피엔스』. 쌤앤파커스.

한창완(2013). 『슈퍼히어로』. 커뮤니케이션북스.

Flusser, V.(1987). *Die schrift: Hat schreiben zukunft?*. 윤종석 역(1998). 『디지털 시대의 글쓰기: 글쓰기에 미래는 있는가』. 문예출판사.

07

디지털 인플루언서

인플루언서의 주무대는 인터넷이다.
인터넷상의 방송이나 이미지들은 패션 등에 관심이 많은 일반인이거나 음식을 아주 잘 먹는 콘텐츠 먹방, 음식점 소개, 여행을 통한 새로운 장소와 명물 소개 등 다양한 경험 콘텐츠를 지속해서 제공하고 있다. 예전에는 연예인으로 데뷔하지 못한 사람들이 콘텐츠를 진행했다면, 요즘은 연예인들이 인플루언서가 되기도 한다.

인플루언서

인플루언서는 '영향력'을 뜻하는 'Influence'와 '사람'을 뜻하는 '-er'이 결합된 신조어로, 영향력이 있는 사람을 말한다. 인터넷이 발달하면서 새롭게 등장한 인스타그램이나 유튜브 등 소셜 네트워크 서비스에서 영향력을 미치는 사람을 가리킨다. 보통 일반인이 인터넷 방송을 통해 인지도를 높이면 이러한 인지도를 바탕으로 광고를 받거나 협찬 또는 공동 구매를 통해 이익을 얻는다.

인플루언서는 현재 새로운 직업으로 각광받고 있으며, 인터넷 세상에서 영향력이 무척이나 크다. 그들은 10대나 20대의 우상이 되기도 하는데, 유튜브에 '인플루언서'를 검색하면 '인플루언서 되는 법', '인플루언서 수익'이 연관으로 많이 뜨는 것을 볼 수 있다. 코로나 이후에는 시장의 규모가 점점 더 커지고 있다.

인플루언서의 주무대는 인터넷이다. 인터넷상의 방송이나 이미지들은 패션 등에 관심이 많은 일반인이거나 음식을 아주 잘 먹는 콘텐츠 먹방, 음식점 소개, 여행을 통한 새로운 장소와 명물 소개 등 다양한 경험 콘텐츠를 지속해서 제공하고 있다. 예전에는 연예인으로 데뷔하지 못한 사람들이 콘텐츠를 진행했다면, 요즘은 연예인들이 인플루언서가 되기도 한다.

인플루언서는 주로 경험 마케팅과 개인의 일상을 보여 주는 것으로 콘텐츠를 꾸미고 있다. 유튜브를 통해 일반 방송에서는 이야기할 수 없는 콘텐츠와 스포츠 방송 중 개인이 할 수 있는 축구와 골프 방송 등이 많은 사람들에게 관심을 받고 있다. 특히 교육 콘텐츠는 실시간 대화를 통해 다양한 주제를 중심으로 만들어지고 있다.

인플루언서 기술

인플루언서가 있는 공간은 디지털 공간이며, 인플루언서는 인터넷을 매체로 사용하는 사람이다. 이런 인플루언서가 디지털로 구현될 수 있다. 특히 가장 기본이 되면서 일반 영상에 사용되는 딥페이크(deepfake)는 아주 쉽게 디지털 휴먼을 만들 수 있는 기술이다. GANs(generative adversarial networks) 기술을 사용해 사람의 얼굴을 매우 정교하게 재현할 수 있다.

이를 통해 기존의 영상에 다른 사람의 얼굴을 자연스럽게 합성하는 것이 가능하다. 사람의 얼굴이나 기타 이미지를 매우 현실감 있게 생성할 수 있는 GANs 기반의 이 기술은 가상 인물 생성, 디지털 휴먼 제작 등에 사용된다. 문제는 딥페이크로 인해 많은 사회적 문제가 야기되고 있다는 점이다.

HDR(high dynamic range imaging) 기술은 이미지나 비디오의 명암비를 높여 더욱 선명하고 현실감 있는 영상을 제공한다. 이는 하이퍼리얼리즘을 구현하는 데 중요한 요소다. 예전의 가상 영상은 몰입도가 부족했다. 기술 부족으로 당시 영상의 해상도가 약해서 몰입할 수 없을 정도였다.

일반적인 영상은 아날로그였을 때와 디지털이 되었을 때가 확연히 다르다. 또한 이미지 한 장이 가질 수 있는 용량의 크기가 다르다. 과거에는 저장 용량의 한계가 뚜렷하게 드러났다. 영상을 재생하고 송출하는 용량의 차이도 분명히 보였다. 하지만 지금은 휴대 전화에서도 대용량의 이미지를 볼 수 있게 되었다.

디지털 공간 구현

디지털 인플루언서와 디지털 공간을 체계적으로 구현하고자 한다면 이미지의 깊이가 필요하다, 이 깊이를 뎁스(depth)라고 한다. 뎁스는 원근을 만들어 내는 깊이를 말한다. 또한 광선 추적(ray tracing)을 이용하면 빛의 경로를 추적해 더욱 현실감 있는 조명과 그림자를 구현한다. 이 기술은 게임 영상과 영화 산업에서 극사실주의를 구현하는 데 사용된다.

실제 사람이나 사물을 3D로 스캔해 디지털 모델을 생성하거나 프로그램을 사용해 사진으로 크리에이터가 직접 만든다. 사람의 얼굴과 몸, 물건 등을 제작하는 방법은 다양하게 존재한다. 빛의 데이터가 정확하게 들어올 수 있어야 그림자가 생성되어 입체감이 존재하는 모델링이 된다.

모델링이 준비되었다면, 디지털 인형에게 움직임을 주어야 한다. 본(Born)을 모델링에 적용하면 움직임이 만들어지게 된다. 크리에이터가 프레임마다 한 동작 한 동작을 만들면 1초에 최소 29개 프레임의 작업이 되어야 한다. 이를 편하게 하도록 모션 캡처 기술을 이용해 움직임을 정교하게 재현하고 있다. 이를 통해 매우 자연스러운 애니메이션을 만들 수 있다.

모션 캡처 기술은 지속해서 발전했다. 거대한 공간에서 모션 캡처 슈트를 입고 움직이면 각 관절의 움직임을 자료화하는 작업이다. 이제는 얼굴 근육에 20개 정도의 포인트 데이터를 이용해 표정과 감정의 변화, 대사의 정확성을 위한 근육 캡처를 하고 있다. 이 기술을 퍼포먼스 캡처라고 한다.

이런 데이터가 만들어졌다면 실사와 같이 영상을 만드는 것이 렌더링(rendering)이다. 렌더링 또는 이미지

합성은 컴퓨터 프로그램을 사용해 2D나 3D 모델에서 사실적인 이미지(photorealistic) 또는 사실적이지 않은 이미지(non-photorealistic)를 생성하는 프로세스다.

렌더링은 하나의 신 파일에 정확히 정의된 언어나 자료 구조로 이루어진 개체들이 가상의 장면(신)을 표현하는 도형의 배열, 시점, 텍스처 매핑, 조명, 셰이딩 정보가 포함될 수 있다. 3D 렌더링 기술 중 광선 추적 기술은 반사되는 빛을 계산해야 한다. 인공지능을 이용해 계산을 줄여 보고자 하는 연구 분야가 바로 뉴럴 렌더링(neural rendering)이다.

뉴럴 렌더링 신경망을 사용해 3D 객체와 환경을 매우 현실감 있게 렌더링하는 기술인데, 특히 실시간 애플리케이션에서 중요한 역할을 한다. 뉴럴 렌더링에는 여러 가지 주제들이 있다. 입력으로 들어온 이미지로부터 특정 부분을 제거하거나 추가하고 변형한 이미지를 출력하는데, 이를 의미론적 사진 합성 및 조작(semantic photo synthesis and manipulation)이라고 한다.

특정 인물의 이미지가 주어졌을 때, 주어진 단어를 말하는 얼굴의 2D 이미지를 생성하거나 주어진 동작을 취하는 사람의 2D 이미지를 생성해야 한다. 실제 존재하는 이미지나 비디오에 등장하는 인물로부터 인위적으로 합성된 영상을 만들어 내는 딥페이크도 이런 렌더링 기술을 통해 구현하고 있다.

역할과 영향력

다양한 기술로 만들어진 디지털 인플루언서는 인공지능과 컴퓨터 그래픽 기술을 활용해 생성된 가상 인물로, 소셜 미디어 플랫폼에서 영향력을 행사하는 존재다. 디지털 인플루언서는 실제 사람처럼 보이고 행동하며, 다양한 콘텐츠를 제작해 팔로워와 소통한다. 그러면 디지털 인플루언서의 역할과 영향력, 그리고 성공적인 사례에 대해 살펴보자.

디지털 인플루언서는 다양한 플랫폼 활동 콘텐츠를 제작해야 한다. 미디어의 다양성이 나타나는 인스타그램, 유튜브, 틱톡 등 다양한 소셜 미디어 플랫폼에서 활동하며 사진 · 동영상 · 스토리 등의 콘텐츠를 제작하는데, 수익성 창출을 위해서는 브랜드 협업이 필요하므로 패션 · 뷰티 · 라이프스타일 등 다양한 브랜드와 협업해 광고 및 프로모션 콘텐츠를 제작한다.

디지털 인플루언서의 활동에서 중요한 것은 팔로워와 실시간 소통이다. 댓글과 라이브 방송 등을 통해 팔로워와 실시간으로 소통하고 피드백을 받는 상호 작용이 일어나야 한다. 팔로워의 질문에 답변하고, 팔로워의 취향에 맞춘 개인화된 콘텐츠 제공과 응답을 위해 인공지능 기술을 적극적으로 활용해야 한다.

전 세계적으로 가장 성공적인 디지털 인플루언서는 릴 미켈라(Lil Miquela)다. 2016년에 등장한 릴 미켈라는 브라질계 미국인 소녀로 설정된 가상의 인플루언서로, 인스타그램에서 패션 · 음악 · 사회적 이슈에 대한 게시물을 공유하며 수백만 명의 팔로워를 보유하고 있다. 프라다와 캘빈 클라인 등 유명 브랜드와의 협업을 통해 광고 캠페인을 진행하기도 했다.

일본에서 활동한 가상의 인플루언서는 핑크색 머리와 독특한 패션 스타일로 유명한 이마(Imma)다. 이마는 인스타그램에서 팬들과 소통하며 가상 인플루언서 리아(Ria)와의 로맨틱한 관계에 대한 감정까지 삶의 모든 것을 공유한다. 디지털 아트와 창의적인 개념을 실험하는 NFT 컬렉션을 출시함으로써 이마는 자신의 디지털 정체성과 세계의 일부를 제공한다.

로지(Rozy)는 네이버웹툰 계열사인 로커스엑스에서 개발한 한국 최초의 가상 인플루언서로, 지난 2021년 신한라이프 광고에 출연하며 화제를 모았다. 로지는 동양적인 마스크에 키 171cm의 서구적 체형을 지니고 여행과 서핑, 스케이트보드, 프리다이빙, 클라이밍을 취미로 즐기는 밝고 쾌활한 'Z세대 여성'이란 설정이다.

디지털 인플루언서의 장단점

디지털 인플루언서의 장점은 컨트롤 가능성으로 일관된 이미지와 스캔들 방지다. 일관된 이미지는 제작자의 의도에 따라 일관된 이미지와 메시지를 유지할 수 있음을 말하고, 스캔들 방지는 실제 인플루언서와 달리 사생활 문제나 스캔들로부터 자유로워 브랜드 이미지에 부정적 영향을 미칠 위험이 적다는 걸 말한다.

두 번째 장점은 비용 효율성이다. 디지털 인플루언서는 실제 모델이나 인플루언서를 고용하는 것보다 비용이 저렴하며, 디지털 환경에서 자유롭게 활동할 수 있다. 또한 시간이 지나도 나이를 먹거나 외모가 변하지 않아 장기적으로 활용이 가능하다.

하지만 디지털 인플루언서의 문제점은 기술적 · 윤리적 · 사회적 측면에서 다양하게 나타난다. 기술적 문제점은 현실감 부족으로 인한 비현실적인 외모다. 디지털 인플루언서는 종종 완벽한 외모를 가지고 있어서 현실적이지 않다는 비판을 받는다. 이는 사용자들에게 왜곡된 미적 기준을 심어 줄 수 있다.

현재 디지털 휴먼을 이용한 인플루언서는 인공지능의 발전에도 불구하고, 디지털 인플루언서와 수용자 간의 상호 작용이 여전히 인간과 인간의 상호 작용만큼 자연스럽지 않다. 이는 기술적 오류에 의한 것으로, 버그 및 글리치 현상이 나타난다. 디지털 인플루언서는 소프트웨어 오류로 인해 이상한 행동을 하거나 외모가 일그러지는 등의 문제가 발생할 수 있다.

가장 큰 문제점은 윤리적인 부분이다. 정체성의 혼란은 디지털 인플루언서가 가상임을 명확히 밝히지 않을 경우, 사용자는 이들을 실제 사람으로 오인할 수 있다. 광고 표기 문제는 디지털 인플루언서가 광고나 협찬 콘텐츠를 명확히 표기하지 않는 경우, 사용자가 이를 광고로 인식하지 못할 수 있다.

저작권 및 지식 재산권 문제를 통해 창작물의 소유권이라는 것이 생긴다. 디지털 인플루언서의 콘텐츠에 대한 소유권 문제와 이들이 사용하는 배경 음악, 이미지 등의 저작권 문제가 발생할 가능성이 있다. 인공지능 창작물에 대한 법적 지위가 없는 것은 디지털 인플루언서가 생성한 콘텐츠의 법적 지위와 책임 소재에 대한 명확한 규정이 부족하기 때문이다.

디지털 인플루언서의 사회적 문제점

사회적 문제점은 비현실적 기준이다. 디지털 인플루언서의 완벽한 외모와 삶이 현실과 괴리감을 조성해, 사용자 특히 청소년들에게 부정적인 영향을 미칠 수 있다. 이는 상업적 이익을 위한 콘텐츠 제작이 주를 이루면서 올바른 가치관과 윤리의식 왜곡으로 이어질 수 있다.

인간 인플루언서와의 경쟁도 중요한 문제가 된다. 인플루언서는 직업적 불안정성이 심하다. 디지털 인플루언서의 등장으로 인해 실제 인플루언서들이 경쟁에서 밀려날 수 있다. 정당한 보상 문제도 문제가 되는 상황이다. 인간 인플루언서에 비해 디지털 인플루언서가 더 저렴하게 이용될 수 있어서, 인간 인플루언서의 노동에 대한 정당한 보상이 어려워질 수 있다.

이러한 문제를 해결하기 위해서는 디지털 휴먼이 캐릭터의 개성과 매력을 갖추고, 충분한 스토리텔링이 이루어져야 한다. 미국의 경우에는 일정 수준 이상의 소셜미디어 팔로워와 팬덤을 보유한 검증된 디지털 휴먼만 간추려 소개하는 사이트 '버츄얼 휴먼스(Virtual Humans)'에 200명 이상의 디지털 휴먼이 등록되어 있다.

참고문헌

심혜련(2006). 『사이버스페이스 시대의 미학: 새로운 아름다움이 세상을 지배한다』. 살림.

정태섭(2015). 『디지털 액터』, 커뮤니케이션북스.

최재붕(2024). 『전혀 다른 세상의 인류 AI 사피엔스』. 쌤앤파커스.

이주호 외(2021). 『AI 교육혁명』. 시원북스.

Flusser, V.(1993). *Lob der oberflächlichkeit: Für eine phänomenologie der medien.* 김성재 역(2004). 『피상성예찬: 매체 현상학을 위하여』. 커뮤니케이션북스.

Samira, E. O., & Friedemann, K.(2021). *Erzählende affen: Mythen, lügen, utopien wie geschichten unser leben bestimmen.* 김현정 역(2023). 『세상은 이야기로 만들어졌다: 신화·거짓말·유토피아』. 원더박스.

08
디지털 휴먼의 가면

디지털 휴먼의 '가면'은 가상의 존재가 온라인과 오프라인에서 수행하는 다양한 역할이나 정체성을 의미한다. 가면은 디지털 휴먼이 특정 목적을 달성하려고 일부러 사용하는 외적 이미지나 성격을 포함된다. 디지털 휴먼은 특정 브랜드의 이미지를 대변하기 위해 디자인된 캐릭터로, 브랜드의 가치와 스타일을 반영하는 가면을 쓴다.

디지털의 무기적 조립

기존의 디지털 휴먼은 가상의 공간과 사물만을 대상으로 하고 있었다. 인공지능을 이용한 최신의 디지털 휴먼은 현실 세계만으로는 얻기 어려운, 또는 마케팅의 목적으로 전달하는 부가적인 정보들을 보강해 제공할 수 있다. 완전한 가상 세계를 전제로 하는 가상 현실과는 달리 현실 세계의 환경 위에 가상의 대상을 결합해 현실의 효과를 더욱 증가시키는 것이다.

디지털 휴먼은 감정 표현을 자연스럽게 만드는 것에 한계를 보였다. 시뮬레이션을 이용해 디지털 휴먼의 자유로운 움직임을 만드는 것은 시간적 · 물리적 한계를 보이고 있었다. 이는 많은 실험을 통해서 만들어진 이미지이며, 인원과 조작과 하드웨어의 한계를 보이고 있었다.

지속적인 기술의 발전은 미세한 근육의 움직임을 해상도가 높은 카메라를 이용해 퍼포먼스 캡처하고, 컴퓨터 프로그램으로 만들어진 얼굴 모델링 데이터에 미세한 얼굴 근육 움직임을 적용해서 자유로운 움직임을 보이는 디지털 휴먼을 만들어 낼 수 있었다. 디지털 휴먼은 클로즈업이 중요한 부분이 되는 것이다.

이는 점과 선을 통해 만들어진 면의 자연스러운 움직임을 만드는 것에 대한 한계를 극복했다고 볼 수 있다.

이를 통해 뒤의 배경이나 캡처를 위해 연기한 배우의 이미지는 사라지고, 디지털 휴먼과 일반 배우와의 이미지를 합성하는 작업은 디지털 몽타주의 한 영역이 되고 있다. 이는 아름다운 가상이라고 할 수 있으며, 디지털의 새로운 미적 형식이다.

고전적인 예술에는 예술만의 독특한 아우라가 존재하고 있기 때문이다. 디지털 시대의 아우라는 디지털 이미지에도 유기적 총체성을 부여할 수 있다. 필름을 이용한 아날로그 합성은 흔적을 드러내지만 디지털 합성은 합성 흔적을 보이면 안 된다. 몽타주가 보이는 무기적 조립의 원칙이 적용되고, 이를 '디지털의 무기적 조립'이라고 할 수 있다.

디지털 휴먼의 가면

디지털 휴먼이 착용하는 가면은 가상의 존재가 온라인과 오프라인에서 수행하는 다양한 역할이나 정체성을 의미한다. 가면은 디지털 휴먼이 특정 목적을 달성하려고 일부러 사용하는 외적 이미지나 성격을 포함된다. 디지털 휴먼은 특정 브랜드의 이미지를 대변하기 위해 디자인된 캐릭터로, 브랜드의 가치와 스타일을 반영하는 가면을 쓴다.

일반 모델의 경우에는 역할이나 브랜드에 맞는 사람을 선택하게 된다. 브랜드에 맞는 배우의 경우에는 기본적인 가면을 쓰고 있다. '페르소나'라는 가면을 자연스럽게 쓰게 된다. 이는 시각의 관계에 따라 보는 행위자는 비전(vision), 보이는 대상을 프레임(frame)으로 본다면 비전은 신체적 작용이며 사회적 메시지에 맞춘 가면을 쓴다.

엔터테인먼트 캐릭터는 다양한 가면을 착용할 수 있다. 같은 디지털 휴먼이 게임으로 들어간다면 게임 캐릭터로서의 소임을 수행한다. 비디오 게임에서 플레이어와 상호 작용하는 디지털 휴먼은 게임의 세계관과 이야기에 맞는 모습으로 쉽게 변화한다. 이들은 종종 게임의 몰입감을 높이는 역할을 한다.

가상 유튜버는 디지털 휴먼의 가장 좋은 사용 사례다. 유튜브에서 활동하는 디지털 휴먼은 다양한 콘텐츠를 제공할 수 있으며, 구독자에게 친근하고 재미있는 이미지를 전달하는 가면을 쓴다. 가상 비서와 교육자로서 사용이 가능하다. 디지털 휴먼은 디지털 이미지로 생성되기 때문에 누구에게나 친근한 이미지로 만들 수 있다.

또한 기업이나 서비스 플랫폼에서 고객 지원 역할을 하는 디지털 휴먼은 상담의 기술과 전문적이고 신뢰할 수 있는 자료를 학습해 소비자가 기계를 상대하고 있다는 느낌을 받지 않게끔 응대할 수 있다. 지적이고 친근한 디지털 휴먼을 적용한 디지털 교사나 트레이너는 교육 목적으로 학생들에게 지식을 전달하기 위함이다.

디지털 트윈

최근 유튜브 콘텐츠를 시청했다면, 성우가 아닌 컴퓨터 음성으로 설명하는 것을 본 적이 있을 것이다. 하지만 시청자들은 그 음성이 인공지능으로 만든 것이라고 느끼지 못한 경우가 많을 것이다. 인공지능의 학습과 디지털 휴먼의 연계는 많은 학습량을 요구하는 교육자에게 디지털 휴먼이 유용할 것으로 생각되었다.

디지털 휴먼 이용 시 효율성이 가장 높은 분야는 통역 기능이다. 자기 친구와 같은 아바타를 설정하고 인공지능 기술을 이용해 언어 교육을 한다면 학습자의 만족도가 높을 수 있다. 디지털 휴먼은 단어와 문장을 반복해서 전달하고, 학습자는 디지털 휴먼이 재현하는 입술 모양과 발음 등을 정확하게 학습할 수 있다.

어떤 기술을 학습할 때는 디지털 휴먼의 효용성이 높을 수 있다. 기술은 지속적인 반복 학습을 통해 숙련되어야 하는 경우가 많은데, 위험한 기술의 조작과 훈련을 디지털 휴먼을 통해 진행할 수 있다. 이 부분을 '디지털 트윈(digital twin)'이라고 한다. 디지털 트윈은 현실 세계인 물리적 환경에 존재하는 결과를 예측할 수 있도록 체계를 구현하는 기술에서 사용한다.

디지털 트윈은 물리적 객체의 가상 모델이다. 디지털 트윈은 의료 산업 분야에서 여러 사례에 사용될 수 있다. 여기에는 전체 병원, 기타 의료 시설, 실험실 및 인체의 가상 트윈을 구축해 신체 장기를 모델링하고 시뮬레이션을 실행함으로써 환자가 특정 치료법에 어떻게 반응하는지 보여 주는 것이 포함된다.

디지털 휴먼의 정체성

디지털 휴먼의 정체성 문제는 지속해서 드러나는 문제다. 가짜 정체성은 디지털 휴먼이 너무 현실적일 경우에 사용자들이 이를 실제 인물로 착각할 수 있다는 데서 비롯된다. 이는 신뢰성 문제를 초래할 수 있다. 디지털 휴먼이 가상임을 명확히 밝히지 않으면, 사용자들은 이들의 정체성과 목적을 오해할 수 있다.

디지털 휴먼은 윤리적으로 고려할 부분이 많다. 특히 인공지능 데이터를 이용한 조작 가능성이 높다. 디지털 휴먼의 가면을 악용해 거짓 정보를 퍼뜨리거나, 사용자들을 조작할 가능성이 있다. 딥페이크가 그 대표적인 사례다. 근거가 불충분한 SNS 또는 유튜브 영상에서 딥페이크를 적용한 디지털 휴먼을 이용해 여론을 조작할 수 있다. 또한 디지털 휴먼을 이용한 다양한 플랫폼의 광고 수익이 높아지고 있다.

하지만 프라이버시 문제는 지속해서 문제로 제기된다. 디지털 휴먼이 사용자와 상호 작용할 때, 수집된 데이터가 어떻게 사용되고 보호되는지에 대한 명확한 정책이 필요하다. 디지털 휴먼의 완벽한 외모와 행동은 현실적인 사회적 기준을 왜곡시킬 수 있다. 이는 특히 청소년들에게 부정적인 영향을 미칠 수 있다.

참고문헌

심혜련(2006). 『사이버스페이스 시대의 미학: 새로운 아름다움이 세상을 지배한다』. 살림.

이주호 외(2021). 『AI 교육혁명』. 시원북스.

정태섭(2015). 『디지털 액터』, 커뮤니케이션북스.

최재붕(2024). 『전혀 다른 세상의 인류 AI 사피엔스』. 쌤앤파커스.

Flusser, V.(1993). *Lob der oberflächlichkeit: Für eine phänomenologie der medien*. 김성재 역(2004). 『피상성예찬: 매체 현상학을 위하여』. 커뮤니케이션북스.

Samira, E. O., & Friedemann, K.(2021). *Erzählende affen: Mythen, lügen, utopien wie geschichten unser leben bestimmen*. 김현정 역(2023). 『세상은 이야기로 만들어졌다:

신화·거짓말·유토피아』. 원더박스.

09
AI의 재현 리얼리티

디지털 휴먼과 디지털 공간에 최선의 연결 고리를 만들 수 있다. 이를 위해 시뮬레이션의 최적화를 찾아야 한다. 일단 디지털 휴먼은 사람의 행동, 표정, 대화 등을 시뮬레이션할 수 있다. 이를 통해 엔터테인먼트 산업에서 고객 서비스, 교육, 사람과 상호 작용 방식을 최적화해야 한다.

재현 리얼리티

AI의 재현 리얼리티(representation reality)는 AI 시스템이 현실 세계를 얼마나 정확하고 생생하게 모방하거나 표현할 수 있는지를 의미한다. 우리에게는 습관적 관념이 존재한다. 실체적인 존재와 변화하는 존재가 있다. 현실 모방의 세계는 코로나를 기점으로 생각의 변화가 일어났다. 하지만 코로나가 종식된 후 실체적 존재를 더 중요시하는 과거의 시대로 회귀했다.

하지만 챗지피티의 등장으로 일반인들도 인공지능에 관심을 갖기 시작했다. 디지털 휴먼에 관심을 두던 시기도 통제된 사회에서 이뤄졌다. 인공지능은 지속해서 발전한다. 시대에 따른 발전 속도는 인공지능의 학습 능력에 따라 생각과는 다르게 발전 속도를 보인다. 알파고 등장 이후에 챗지피티의 등장은 일반 생활 속에서 존재하고 있다.

디지털 휴먼은 이미지와 비디오 생성에서 리얼리티를 중요하게 강조하고 있다. 특히 딥페이크 기술은 많은 분야에서 응용될 수 있다. 물론 많은 데이터가 있어야 한다. 일반적인 사람을 적용하려면 다른 사람의 얼굴 이미지가 필요한 것이다. 이를 위해 인공지능은 꼭 필요한 것이다.

AI는 사람의 얼굴이나 목소리를 매우 정교하게 모방할 수 있다. 딥페이크 기술은 영상 속 인물의 얼굴을 다른 사람의 얼굴로 바꿀 수 있으며, 현실과 매우 흡사한 결과를 만들어 낸다. 과거의 장면이나 영상에서 필요한 화면 자료는 인공지능을 이용하면 쉽게 필요한 이미지를 만들 수 있다. 유튜브나 교육용 콘텐츠에서는 유용하게 사용할 수 있다.

딥페이크 이미지는 GANs 기술 이론을 사용한다. 서로 경쟁하는 적대적 신경망을 사용해 현실적인 가짜 이미지나 비디오를 만들어 낼 수 있다.

적대적 학습에서는 분류 모델을 먼저 학습시킨 후 생성 모델을 학습시키는 과정을 서로 주고받으면서 반복한다. 분류 모델의 학습은 크게 두 가지 단계로 이루어진다. 하나는 진짜 데이터를 입력해서 네트워크가 해당 데이터를 진짜로 분류하도록 학습시키는 과정이고, 두 번째는 첫 번째와 반대로 생성 모델에서 생성한 가짜 데이터를 입력해서 해당 데이터를 가짜로 분류하도록 학습하는 과정이다.

이 과정을 통해 분류 모델은 진짜 데이터를 진짜로, 가짜 데이터를 가짜로 분류할 수 있게 된다. 분류 모델을 학습시킨 다음에는 학습된 분류 모델을 속이는 방향으로 생성 모델을 학습시켜야 한다. 생성 모델에서 만들어 낸 가짜 데이터를 판별 모델에 입력하고, 가짜 데이터를 진짜라고 분류할 만큼 진짜 데이터와 유사한 데이터를 만들어 내도록 생성 모델을 학습시킨다.

인공지능을 사용하기 이전의 리얼리티 구현은 크리에이터가 다양한 이미지를 이용해 만들었다. 자연스러워 보이는 공간을 구현해 그 공간 안에 빛과 그림자를 배치하고, 이를 가상의 카메라를 통해 입체감을 주어 실제의 환경을 만들었다.

인공지능에 의한 리얼리티는 본질의 중요성을 강조하는 습관적 관념에 따라 우리들의 생각을 정체시키고 있다. 하지만 인공지능을 통해 창의성의 중요도가 부각되면서 인식론이 강조되고 있다. 증강 현실과 가상 현실 등 미래의 매체는 디지털 리얼리티가 더욱 강조되는 시간이 될 것이다.

증강 현실은 실제 환경에 디지털 정보를 겹쳐서 보여주는 기술이다. 디지털 휴먼이 증강 현실과 만날 경우 가장 큰 효율성이 나타나는 분야는 교육과 전시다. 소셜 미디어와 온라인 커뮤니티는 장소 구분 없는 사회적 리얼리티를 변화시켰다. 이는 현실에서의 사회적 관계와 상호 작용 패턴에도 영향을 미치고 있다.

우리가 공중파 방송 및 케이블 방송 콘텐츠를 보면 대리 만족하는 프로그램이 많은 비중을 차지하고 있다. 이는 팬데믹으로 인한 이동의 제약으로 다른 공간에 관심을 두면서부터 부쩍 증가했다. 실제 물리적 객체나 시스템의 디지털 복제를 통해 데이터의 새로운 분석이 나타난다.

3차원 리얼리티

가상 현실과 증강 현실은 AI를 사용해 몰입형 가상 환경을 생성할 수 있다. 이 환경은 교육, 게임, 훈련 등 다양한 분야에서 사용된다. 특히 엔터테인먼트 산업에서는 실제 배우의 역할을 대신할 수 있다. 이는 인간과 똑같은 복제 인간의 개념도 있지만, 창의적 생각을 공간으로 재구성할 수 있다.

증강 현실은 현존하는 세계 위에 가상의 객체를 덧붙이는 기술이다. AI는 AR 콘텐츠를 더욱 실감 나게 만드는 데 중요한 역할을 한다. 버츄얼 인플루언서와 가상의 교육자를 설정할 수 있다. 여기에 의과대학에서는 구하기 어려운 시신보다는 시뮬레이션이 가능한 디지털 휴먼을 이용한다면 좋은 교육 효과를 얻을 수 있다.

시간이 지날수록 리얼리티가 좋아진 공간을 자신이

있는 공간과 구분하지 못하는 사람도 생길 수 있다. 이로 인해 실제 사회에서의 상호 작용이 줄어들면서 사회적 고립이 생길 수 있다. 인공지능의 부정적 효과가 증대할 수 있으며, 인공지능과 디지털 휴먼의 가면을 쓴 채 자신의 존재를 숨겨 버릴 수 있다. 그 결과 허위 정보를 생산하고 사회적 신뢰도 형성에 부정적인 역할을 하는 사람으로 바뀔 수 있다.

또한 디지털 휴먼과 본인의 정체성이 꼬일 수 있다. 현실과 가상의 경계를 스스로 무너뜨리면서 인터넷과 게임에 많은 시간을 할애하는 사람이면 진짜와 가짜의 구분이 어려워지면서 다른 정보에 관해 맹목적인 선택으로 바뀔 수 있다. 이는 상호 작용이 어떤 쪽으로 증가하느냐에 따라 달라진다. 인간관계의 진정성이 사라질 수가 있으며, 사회는 인공의 세계로 인식될 수 있다.

이러한 문제를 해결하려면 디지털 휴먼과 디지털 공간에 최선의 연결 고리를 만들어야 한다. 이를 위해서 시뮬레이션을 이용해 최적화를 찾아야 하는데, 디지털 휴먼은 사람의 행동, 표정, 대화 등을 시뮬레이션할 수 있다.이를 통해 엔터테인먼트 산업에서 고객 서비스, 교육, 사람과의 상호 작용 방식을 최적화해야 한다.

디지털 휴먼의 사람과의 상호 작용 방식 최적화를 위

해서는 자료 수집과 분석의 정확성이 필요하다. 디지털 휴먼의 사용자 상호 작용을 통해 수집된 행동 패턴과 선호도를 이해한다면 맞춤형 서비스를 지속해서 제공할 수 있다. 하지만 여기서 정확한 분석이 이루어지지 않는다면 오히려 사용자들은 다른 세상으로 변화될 수 있다.

이런 현상은 지금 일어나고 있다. 팬데믹 초반에 사용된 디지털 휴먼은 지금은 거의 사용하지 않고 있다. 여기에서 '사용한다'라는 용어를 쓴 이유도, 인간과 유사하지만 인간이 아닌 새로운 객체이기 때문이다. 인공지능과 머신러닝 기술을 활용해 인간과 유사한 상호 작용을 구현해야 한다는 것이다.

실시간 상호 작용과 사용자 경험을 향상시킬 수 있다면 의료와 고객 서비스 분야의 예측 의사 결정을 통해 디지털 휴먼의 리얼리티를 정확하게 표현해야 한다. 인공지능을 통해 수집된 데이터는 미래의 사건을 예측할 수 있다. 교통 데이터를 통해 길 알림 서비스와 실시간 최적 경로를 추천할 수 있으며, 실제 세계의 패턴을 분석할 수 있다.

참고문헌

고명석(2014). 『예술과 테크놀로지』. 도서출판 새빛.

고인석 외(2019). 『인공지능의 윤리학』. 한울아카데미.
구본권(2023). 『메타인지의 힘』. 어크로스.
심혜련(2006). 『사이버스페이스 시대의 미학: 새로운 아름다움이 세상을 지배한다』. 살림.
이원곤(2004). 『디지털화 영상과 가상공간』. 연세대학교 출판부.
이주호 외(2021). 『AI 교육혁명』. 시원북스.
임홍순(2021). 디지털 시대의 인격권 보호 방안에 관한 연구. ≪차세대융합기술학회논문지≫, 5(6), 차세대융합기술학회.
정태섭(2015). 『디지털 액터』. 커뮤니케이션북스.
정태섭(2021). 리얼리티 공간과 디지털액터: 〈아바타〉, 〈레디플레이어 원〉을 중심으로. ≪차세대융합기술학회논문지≫, 5(1), 141-148쪽.
정태섭(2022). 디지털 휴먼의 인문적 고찰. ≪차세대융합기술학회논문지≫, 6(9), 17621-1771쪽.
최재붕(2024). 『전혀 다른 세상의 인류 AI 사피엔스』. 쌤앤파커스.
Baudrillard, J.(1981). *Simulacra and simulation*. 하태완 역(1992). 『시뮬라시옹: 포스트모던 사회문화론』. 민음사.
Flusser, V.(1993). *Lob der oberflächlichkeit: Für eine phänomenologie der medien*. 김성재 역(2004). 『피상성예찬: 매체 현상학을 위하여』. 커뮤니케이션북스.
Samira, E. O., & Friedemann, K.(2021). *Erzählende affen: Mythen, lügen, utopien wie geschichten unser leben bestimmen*. 김현정 역(2023). 『세상은 이야기로 만들어졌다: 신화·거짓말·유토피아』. 원더박스.

10
디지털 휴먼과 실감형 콘텐츠

실감형 콘텐츠는 지금 살고 있는 세상의 미메시스다. 가상 세계는 현실 세계의 모방이 되어야 한다. 하이터치와 하이테크로 나뉜 세상은 첨단 기술과 디지털 도구를 이용하는 접근이다. 디지털 휴먼의 실감형 콘텐츠는 재현된 사실 이미지를 첨단 기술과 디지털 도구를 활용해 이 세상을 복제하는 재현된 세상이다.

실감형 콘텐츠 조건

디지털 휴먼이 실감형 콘텐츠로서 갖추어야 할 조건들은 가상 환경에서 얼마나 효율적으로 상호 작용하면서 수용자에게 현실감을 제공해 유용성을 발휘할 수 있는지를 결정한다. 가장 중요한 조건은 리얼리즘이다. 실감형 콘텐츠로서 역할을 할 수 있는지를 결정하는 가장 우선순위에 있는 조건이다.

디지털 휴먼의 리얼리즘은 고해상도 3D 모델링을 통해 외모가 실제 인간과 유사해야 한다. 피부의 질감, 머리카락, 눈동자 등의 세부 사항이 아주 정확하게 표현되어야 한다. 각종 미디어에서 한 번이라도 디지털 휴먼을 본 사람들은 어디선가 많이 본 사람으로 인식하게 된다.

특히 눈동자는 아주 중요한 요소다. 우리가 영화에서 배우의 감정을 표현하는 장면을 보면 얼굴, 특히 눈을 클로즈업하는 장면이 많다. 즉, 눈동자는 모든 감성을 표현하는 아주 중요한 곳이다. 하지만 영화를 제외한 광고나 디지털 인플루언서를 보면 눈동자의 의미를 읽을 수 없다. 그 부분이 디지털 휴먼을 판단하는 중요한 단서가 된다.

자연스러운 움직임도 필요하다. 아직은 인공지능을 이용해서 만드는 이미지 작업은 배경이나 주변 물체와의 부적절한 조합이 눈에 띈다. 다만 정지 화면은 구분이 힘들 정도로 해상도가 높아지면서 사실성도 높다. 이를 위해서는 모션 캡처 기술로 걸음걸이나 표정 변화 등의 미세한 동작을 실제 인간처럼 구현해야 한다.

모든 실감형 콘텐츠가 나올 수 있는 중요한 이유는 하드웨어의 발전이다. 컴퓨터의 데이터 처리 속도 개선과 대용량 파일을 저장할 수 있는 하드디스크 개발, 네트워크의 처리 능력 증대로 실감형 데이터를 충분히 전송할 수 있게 되었다.

실감형 콘텐츠는 지금 살고 있는 세상의 미메시스다. 가상의 세계는 현실 세계의 모방이 되어야 한다. 하이터치와 하이테크로 나뉜 세상은 첨단 기술과 디지털 도구를 활용하는 접근 방법이다. 디지털 휴먼의 실감형 콘텐츠는 재현된 사실 이미지를 첨단 기술과 디지털 도구를 활용해 이 세상을 복제하는 재현된 세상이다.

하지만 하이테크만으로 존재하는 세상은 아니다. 미디어 플랫폼의 변화도 인간과 인간의 접점을 통한 하이터치를 중요시한다. 코로나는 그 연결 고리를 강제로 중지시켰다. 사람과 사람 간의 감정 상호 작용이 중요했던 시절이 단절되면서 매체를 중심으로 기술의 가치가 더 중요하게 생각되는 세상으로 변화하기 시작했다.

디지털 휴먼의 변화

엔터테인먼트 산업에서 디지털 휴먼은 사회적 요구에 따른 변화와 발전을 지속해서 준비하고 있다. 우리는 모두 코로나로 인한 단절을 경험했다. 내가 원해서 하는 오타쿠 형태의 칩거가 아닌 바이러스로 인한 강제적 단절이었다. 이후 사람들은 자연스러운 상호 작용을 원하고 있다.

엔터테인먼트 산업에서 디지털 휴먼은 그 문제를 해소해 줄 가장 좋은 조건을 가지고 있다. 회사 소속 연예인의 데이터를 확보한 후 그 데이터를 이용한 지속적인 서비스를 제공할 수 있기 때문이다. 디지털 휴먼은 자연스러운 외형적인 모습과 자연스러운 언어를 포함한 개인화된 서비스를 제공할 수 있기 때문이다.

정교한 인공지능의 발달은 딥러닝의 발전이 꾸준히 일어나면서 자연 언어 처리에 따른 감성 인식 기술이 발전할 것이다. 이는 디지털 휴먼이 일반 사람과의 상호 작용에서 더 자연스럽고 인간다운 반응을 보이게 된다. 이는 개인화된 서비스를 사용자 데이터를 바탕으로 맞춤형 서비스를 제공할 수 있다.

디지털 휴먼의 발전은 몰입형 경험을 제공할 수 있다. 가상 현실과 증강 현실이 대중적으로 알려지지 않았다.

가상 현실과 증강 현실의 발전보다는 혼합 현실을 통해 실제 환경과 가상 환경이 자연스럽게 융합되면서 디지털 휴먼이 현실 세계에서 존재감을 가질 수 있다. 그러면 다양한 응용 분야로 확대가 가능하게 된다.

이미지 생성형 인공지능 미드저니(Mid Journey)는 고품질 이미지를 생성하는 도구다. 인공지능 기반의 플랫폼에 텍스트 설명을 입력하면 그에 맞는 이미지를 생성해준다. 이를 예술가나 디자이너, 영상 제작자들이 사용하고 있다.

미드저니를 이용해 만들어진 이미지는 같은 이미지를 가지고 사용자 취향에 맞는 이미지를 생성할 수 있다. AI의 사용은 이미지를 생성하는 포토샵 프로그램도 적용했다. 많은 이미지를 가지고 합성하던 작업이 AI와 딥러닝을 통해 특별한 기술 없이 텍스트만으로도 이미지를 생성할 수 있게 된 것이다.

디지털 이미지에 관한 정의와 논의는 아주 먼 옛날이야기처럼 느껴지는 시기다. 20년 전에는 디지털 메모리가 아닌 마그네틱테이프에 녹화했다. 완전히 디지털로 변화된 시점은 생각보다 먼 과거가 아니다. 이제 디지털 이미지로의 변환에 관해 고민을 하지 않는다. 디지털 이미지가 주변에 그냥 있기 때문이다.

변화는 있었다. 2D에서 3D 입체 영상 플랫폼이 등장했다. VR이 등장했다. AR은 한동안 우리에게 엄청난 관심을 끌었다. 심혜련은 "디지털 이미지까지 발전할 수 있었던 가장 큰 이유는 비물질이기 때문이다. 이는 시각, 청각, 촉각 등 감각 기관을 중심으로 영향을 끼치기 때문이다. 또한 디지털 방식으로 저장과 유포가 쉽고, 손쉽게 조작된다는 것이다"라고 말했다.

사람들은 해상도가 높아짐에 따라서 점점 더 실감형 이미지를 원하게 된다. 디지털 휴먼의 관점으로 본다면, 디지털 휴먼은 절대적으로 인형이나 디지털 이미지로 보여서는 안 되며, 실감형 콘텐츠의 요소를 충분히 지녀야 한다. 따라서 디지털 휴먼으로 만들어진 인플루언서들을 보면 어디선가 본 모습을 가지고 있다.

수용자들이 가상 세계와 실시간 상호 작용을 위해서는 AR/VR/MR 등 새로운 도구가 필요하다.

이미지와 수용자 사이에 가상 세계를 인식할 수 있는 도구인 HMD(head mounted display)를 포함한 영상 장치가 필요하다. 사람들이 휴대하는 도구들의 변화와 각각의 요소들이 발전하는 시기가 있었다. 하지만 모든 도구가 하나로 합쳐지면서 수용자들은 더 쉽게 디지털 이미지로 접근할 수 있었다.

꼴라쥬와 몽타쥬는 현대 예술의 표상적 방법으로 혁명적인 역할을 하고 있다. 이는 디지털 이미지를 제작하기 위해 소스로 선택된 이미지들의 상호 작용을 통해 원본이 가지는 원래의 의미는 소멸하고 새로운 의미의 이미지로 재탄생함을 이야기하고 있다.

원래 이미지가 가지고 있는 기호적인 의미 요소가 하나의 이미지로 모임에 따라, 기존의 이미지가 함유하던 상징성·재현성을 파괴하고 새로운 의미를 가지는 새로운 기호 의미로 재탄생시킨다.

디지털을 이용해 만들어진 이미지를 미학적 관점으로 본다면 보들리야르는 후기 자본주의의 특징을 드러내는 기호로서 '시뮬라크라'를 선택한다. 모든 현실의 일은 허구를 통해 이루어진다는 표현이다. 시각 특수 효과를 이용한 디지털 이미지는 영상 분해와 재결합을 통해 새로운 영상을 창출하는 분야다.

기존의 디지털 이미지에 관한 연구들은 시각 특수 효과 작품에 대한 미학적 논의나 논지보다는 기술력에 의한 재생산 방법만 주목받았다. 디지털 기술에 의한 영상의 창출과 복제를 통한 파편적 나열은 아메바처럼 같은 이미지를 같은 개체로 분할하는 것이 아니라 전혀 새로운 형태로 나열할 수 있다.

레브 마노비치(Lev Manovich, 1960~)는 데이터베이스가 좀 더 진화하면 컴퓨터 프로그래밍을 통해 기존의 필름 영화와는 다른 미학을 가진 새로운 영화가 등장한다고 했다. 시간의 흐름을 통해 변화되는 것을 공간 변화로 대체할 수 있다는 것이다. 이는 편집 방법에 따라 차이가 있는 것인데, 시간의 흐름을 이야기 구성으로 만드는 편집 기술에서 시간의 흐름이 자유롭게 변화하는 편집 기술 발전을 불러온 것이다.

현재 다양한 편집 프로그램을 이용한다면 마노비치의 이야기처럼 배열의 자유를 한껏 누릴 수 있을 것이다. 현대 사회는 기술적 · 기능적 · 감성적으로 변화하고 있다. 문자 시대에서 이미지 시대로 급속히 변화하고 있다. 구조주의에서 해체주의로, 해체주의에서 다시 구조주의로, 그리고 감성주의로 시대의 변화는 급속도로 이루어지고 있다.

참고문헌

고명석(2014). 『예술과 테크놀로지』. 도서출판 새빛.

고인석 외(2019). 『인공지능의 윤리학』. 한울아카데미.

구본권(2023). 『메타인지의 힘』. 어크로스.

심혜련(2006). 『사이버스페이스 시대의 미학: 새로운 아름다움이 세상을 지배한다』. 살림.

이원곤(2004). 『디지털화 영상과 가상공간』. 연세대학교 출판부.
이주호 외(2021). 『AI 교육혁명』. 시원북스.
임홍순(2021). 디지털 시대의 인격권 보호 방안에 관한 연구. ≪차세대융합기술학회논문지≫. 5(6), 1246-1253쪽.
정태섭(2015). 『디지털 액터』. 커뮤니케이션북스.
정태섭(2021). 리얼리티 공간과 디지털액터: 〈아바타〉, 〈레디플레이어 원〉을 중심으로. ≪차세대융합기술학회논문지≫, 5(1), 141-148쪽.
정태섭(2022). 디지털 휴먼의 인문적 고찰. ≪차세대융합기술학회논문지≫, 6(9), 17621-1771쪽.
최재붕(2024). 『전혀 다른 세상의 인류 AI 사피엔스』. 쌤앤파커스.
Samira, E. O., & Friedemann, K.(2021). *Erzählende affen: Mythen, lügen, utopien wie geschichten unser leben bestimmen.* 김현정 역(2023). 『세상은 이야기로 만들어졌다: 신화·거짓말·유토피아』. 원더박스.

정태섭

현재 청운대학교 자율전공학부 부교수다. 건국대학교 예술학 박사로 제품 디자인과 영상 디자인을 연구했다. 산업 디자인을 하면서 컴퓨터 시각 특수 효과 작업을 하게 되었다. 〈스타워즈〉의 시각 특수 효과와 영화에 사용된 디자인에 많은 관심이 있다. 현재는 인문학을 통한 영상의 구조와 편집 및 디지털 휴먼에 관해 지속적인 연구 중이며, 융합 디자인과 인공지능을 통한 미디어의 분석을 디지털 휴먼 연구에 접목하고 있다. 시각 특수 효과 영상에서 이미지의 분해와 재조합, 리얼리티에 관한 학술 연구와 관련 저술을 발표했다. 연구 논문 "재현을 위한 디지털 액터의 기초 연구"(2015)를 시작으로 미디어 디자인과 가상 현실(AR/VR/MR)에 관한 연구를 지속해서 하고 있다. 2015년 후즈 후 인더월드(Who's Who in the World)에 등재되었다. 논문으로 "시각 특수 효과의 드라마 적용 사례에 관한 연구"(2019)와 "리얼리티 공간과 디지털 액터"(2021), "디지털 휴먼의 인문적 고찰"(2022) 등이 있으며, 『디지털 액터』(2015) 등의 저서를 커뮤니케이션북스를 통해 출간했다.